Jutta Lammèr

# Ravensburger Kinder-Handarbeitsbuch

Nähen, Sticken, Weben,
Knüpfen, Häkeln, Stricken
für Kinder ab 6 Jahren

Otto Maier Verlag Ravensburg

In diesem Buch findest du

Wenn du Lust hast, kannst du nach diesem Buch lernen, wie man richtig näht, stickt, häkelt und strickt, wie man knüpft und webt.

Dazu brauchst du nicht langweilige Probestücke zu machen, mit denen man nachher nichts anfangen kann. Das Handarbeiten kannst du genauso gut üben an lustigen Sachen zum Spielen oder zum Anziehen, an Geschenken für nette Leute und an Dekorationen für das eigene Zimmer.

Du wirst sehen, daß alles ganz einfach ist, wenn du es genau nachmachst, wie es aufgezeichnet und beschrieben wurde. Am besten geht es, wenn man sich den Text während der Arbeit Satz für Satz laut vorliest. Je mehr du dir am Anfang für die wichtigsten Erklärungen Zeit nimmst, um so rascher kommst du nachher voran.

Die in diesem Buch gezeigten Modelle sind nicht als Vorlagen gedacht, die man genau nachmacht — obwohl man das natürlich könnte. Sie sollen dir in erster Linie Anregungen für eigene Arbeiten geben, denn es macht viel mehr Spaß, etwas zu verwirklichen, was man sich selbst ausgedacht hat.

Bevor du Geld für Material ausgibst, frage erst einmal zu Hause und bei Freunden nach Garn- und Stoffresten, nach Wolle und Knöpfen. Du wirst sehen, daß da ein ganzer Berg zusammenkommt.

Fange mit einer Arbeit nicht kurz vor dem Essen oder dem Schlafengehen an. Es ist

ärgerlich, wenn man aufhören muß, bevor der Spaß erst richtig losgeht.

Setze dich so hin, daß das Licht von links schräg auf deine Arbeit fällt. Stelle einen Kasten für die Reste bereit.

Suche dir für den Anfang eine kleine Arbeit aus, die rasch fertig ist, damit du dich schon bald daran freuen kannst.

Das ist nämlich der Sinn dieses Buches: Handarbeiten lernen, weil es Spaß macht, nicht weil man es später vielleicht einmal braucht.

# Nähen

Nähen ist ganz leicht. Hast du nicht Lust, es gleich einmal zu probieren? Es kommt vorerst gar nicht darauf an, wie genau du das machst. Die Feinheiten kommen, wenn du Übung hast, von selbst. Hauptsache, du weißt, wie man so etwas überhaupt anfängt.

Hier kannst du sehen, was man mit Knöpfen alles anfangen kann. Wie man sie richtig annäht, wie Stoff zusammengenäht wird, wie man einen Saum macht und welche verschiedenen Nähstiche es gibt, kannst du auf den übernächsten beiden Seiten lesen und lernen.

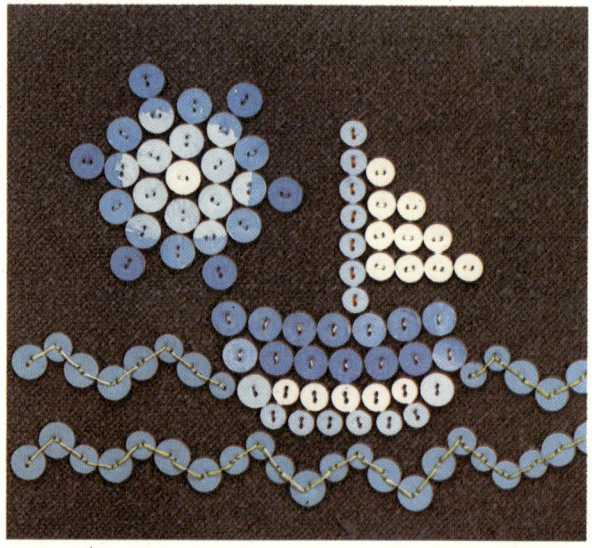

Die Knopfbilder sind aus Leinenknöpfen gemacht. Eine Karte mit solchen Knöpfen kostet ungefähr 95 Pfennig. Es sind, je nach Knopfgröße, 24, 20 oder 15 Stück darauf. Wie viele Knöpfe du brauchst, hängt von deinem Bild ab. Leinenknöpfe kann man mit Filzstiften anmalen oder in Tuschwasser färben. Zum Trocknen werden sie mit der rechten Seite nach oben auf ein Löschblatt gelegt. Du kannst auch Kleiderknöpfe verwenden, die durch ihre unterschiedlichen Formen oft noch interessanter aussehen. In eurem Haushalt wirst du bestimmt solche Knöpfe finden.

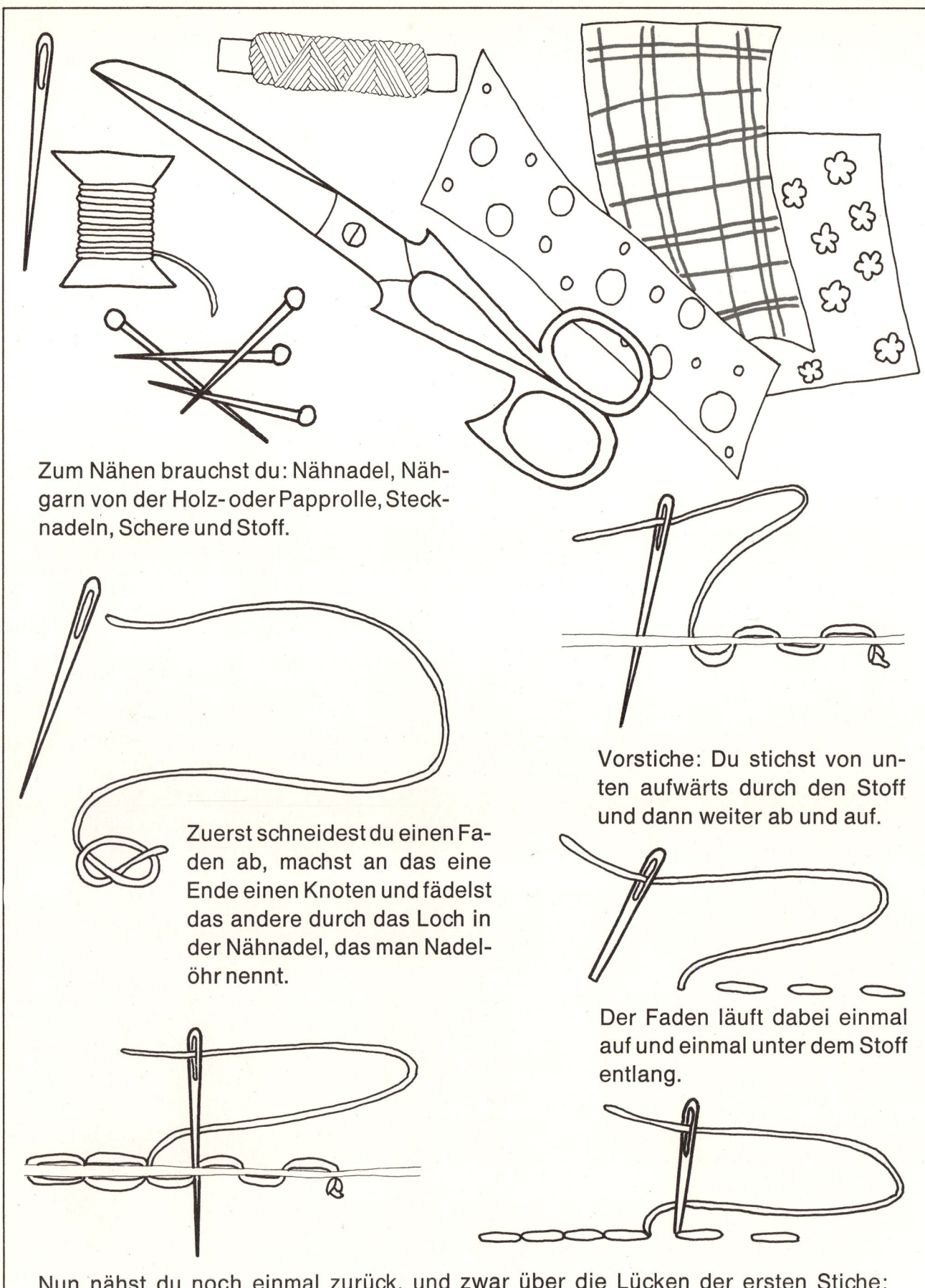

Zum Nähen brauchst du: Nähnadel, Nähgarn von der Holz- oder Papprolle, Stecknadeln, Schere und Stoff.

Zuerst schneidest du einen Faden ab, machst an das eine Ende einen Knoten und fädelst das andere durch das Loch in der Nähnadel, das man Nadelöhr nennt.

Vorstiche: Du stichst von unten aufwärts durch den Stoff und dann weiter ab und auf.

Der Faden läuft dabei einmal auf und einmal unter dem Stoff entlang.

Nun nähst du noch einmal zurück, und zwar über die Lücken der ersten Stiche: also auf und ab in umgekehrter Folge. Am Ende vernähst du den Faden mit kleineren Stichen.

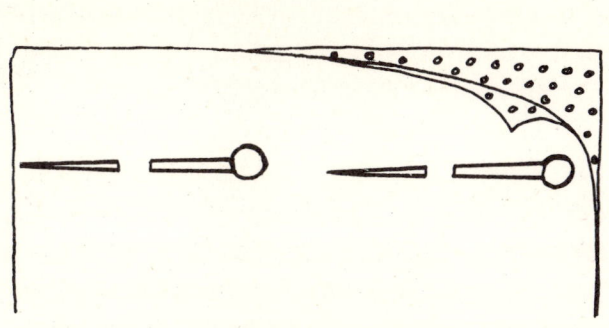 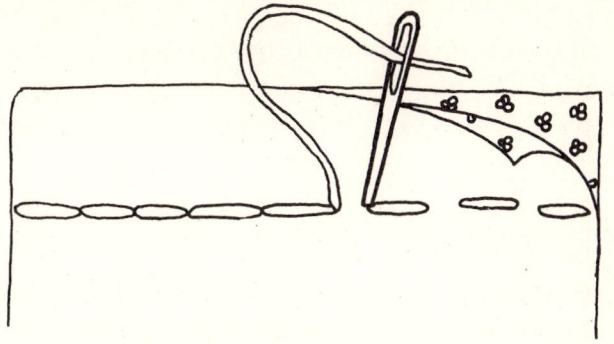

Bevor du zwei Stoffteile zusammennähst, steckst du sie so aufeinander, daß die rechten Seiten innen liegen.

Die Naht machst du einen Daumen breit von der Kante entfernt. Wenn die fertige Arbeit gewendet wird, sitzt sie innen.

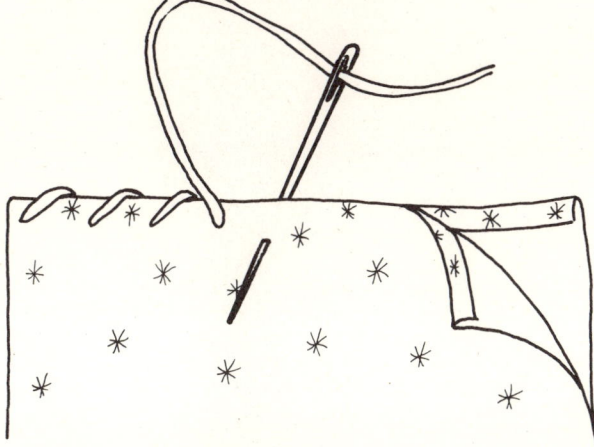 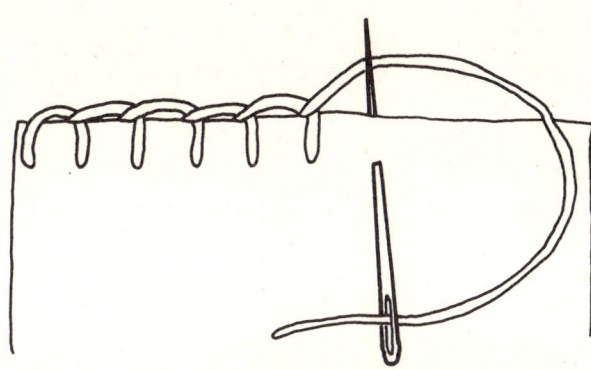

Näht man Stoff überwendlich zusammen, bleiben die rechten Seiten außen. Die Kanten werden nach innen umgebogen.

Ebenso macht man es bei Schlingstichen, bei denen man den Faden immer hinten unter die Nadelspitze legt.

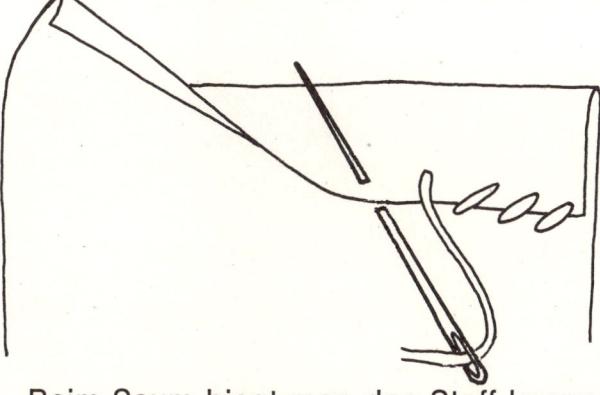 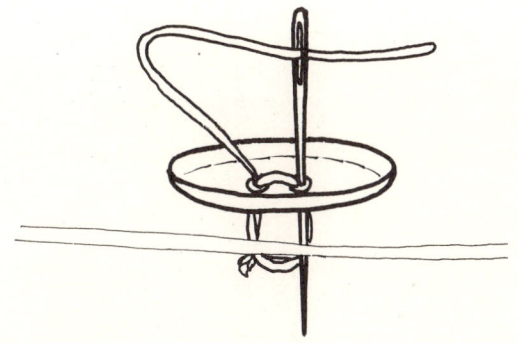

Beim Saum biegt man den Stoff knapp, dann noch einmal breiter zur unrechten Seite und näht diese Kante fest.

Knöpfe näht man so an: aufwärts durch Stoff und Loch im Knopf, abwärts durch Loch und Stoff. Endfaden gut vernähen!

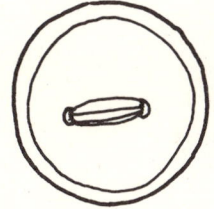 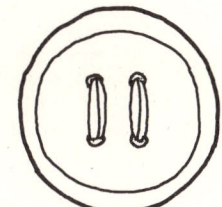  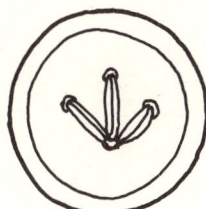 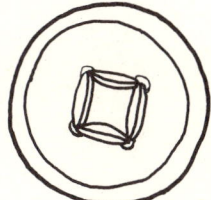

7

Diese Puppen sind nicht schwer zu nähen. Die linke wurde aus einem Unterhemd gemacht. Sie ist mit Schaumkügelchen gefüllt und hat Haare aus Wollgarn. Die Puppe besteht aus zwei gleichen Teilen: Vorderteil und Rückenteil; Kopf, Arme und Beine sind gleich mit angeschnitten. Den Schnitt in natürlicher Größe findest du auf Seite 10. Es ist der schräg laufende mit den gestrichelten Linien.

Nach diesem Muster fertigst du aus doppelt zusammengefaltetem Papier eine Schablone — Schnittmuster genannt — an, wie auf Seite 11 oben links gezeichnet. Falte das Schnittmuster auseinander und befestige es mit Stecknadeln auf dem doppelt gelegten Stoff, den du nun ringsherum eine Daumenbreite größer — das ist die Zugabe für die Naht — zuschneidest. Gehe vorsichtig mit der Schere um!

Die Puppe daneben wird genauso gemacht, nur wird der faustgroße Kopf aus Modelliermasse geformt und dann in die Halsöffnung eingesetzt. Für diese Puppe schneidet man den Stoff nur bis zur quergestrichelten Halslinie zu, biegt ihn hier nach dem Zusammennähen des Körpers nach innen und näht mit Zwirn Vorstiche durch den Halsrand. Nachdem man den Kopf hineingeschoben hat, zieht man den Stoff über dem Halswulst — das ist ein dicker Rand, den man unten um den Hals anmodelliert (wie bei Kasperleköpfen) — zusammen und verknotet die Zwirnfäden gut. Den Schnitt für die Puppe auf dieser Seite findest du ebenfalls auf Seite 10. Arme und Beine werden einzeln gefertigt, ausgestopft, an den offenen Enden flachgedrückt und an den Körper genäht: Punkt auf Punkt, Stern auf Stern.

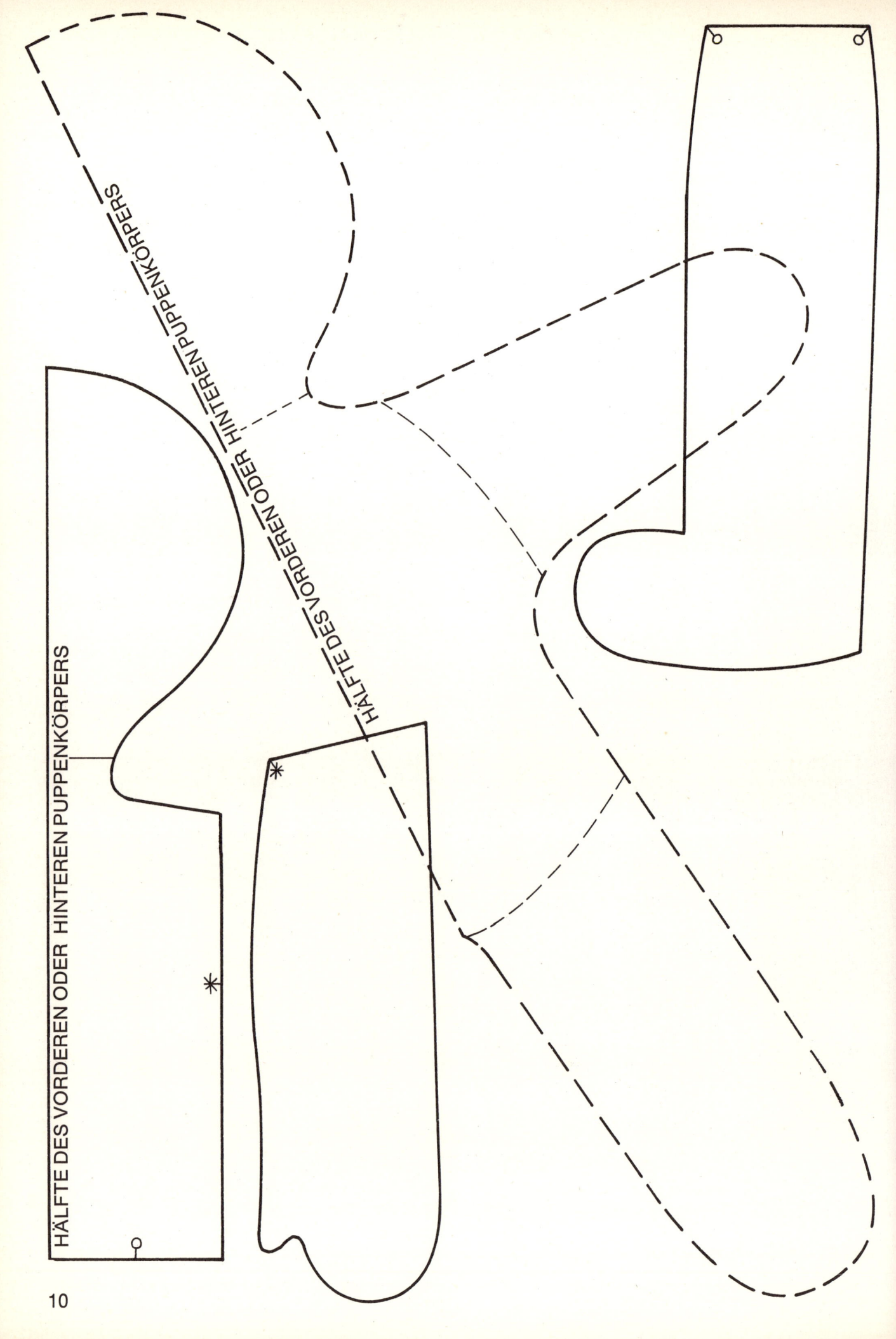

HÄLFTE DES VORDEREN ODER HINTEREN PUPPENKÖRPERS

HÄLFTE DES VORDEREN ODER HINTEREN PUPPENKÖRPERS

HÄLFTE DES VORDEREN ODER HINTEREN PUPPENKÖRPERS

10

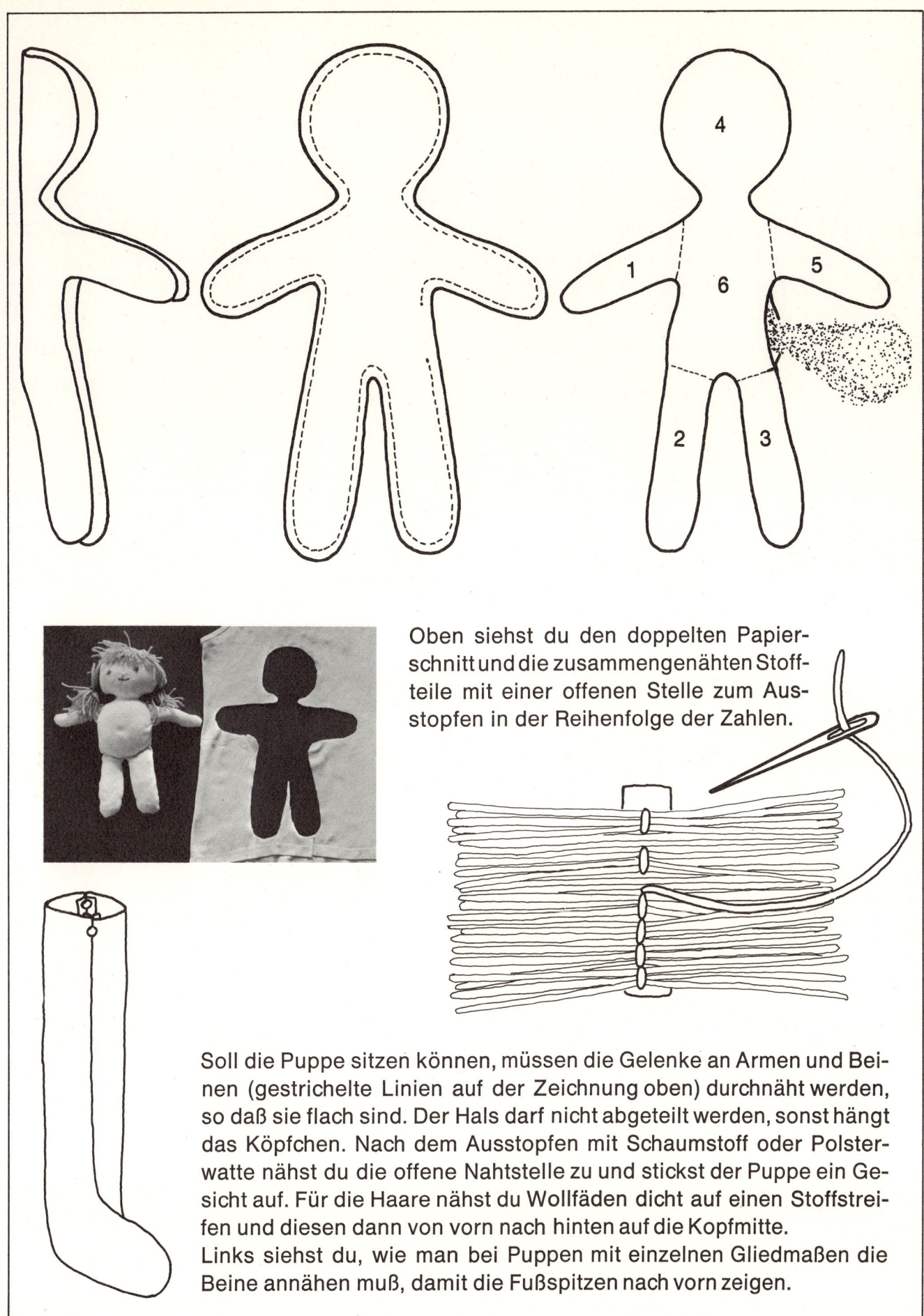

Oben siehst du den doppelten Papier-
schnitt und die zusammengenähten Stoffteile mit einer offenen Stelle zum Ausstopfen in der Reihenfolge der Zahlen.

Soll die Puppe sitzen können, müssen die Gelenke an Armen und Bei-
nen (gestrichelte Linien auf der Zeichnung oben) durchnäht werden,
so daß sie flach sind. Der Hals darf nicht abgeteilt werden, sonst hängt
das Köpfchen. Nach dem Ausstopfen mit Schaumstoff oder Polster-
watte nähst du die offene Nahtstelle zu und stickst der Puppe ein Gesicht auf. Für die Haare nähst du Wollfäden dicht auf einen Stoffstrei-
fen und diesen dann von vorn nach hinten auf die Kopfmitte.
Links siehst du, wie man bei Puppen mit einzelnen Gliedmaßen die
Beine annähen muß, damit die Fußspitzen nach vorn zeigen.

11

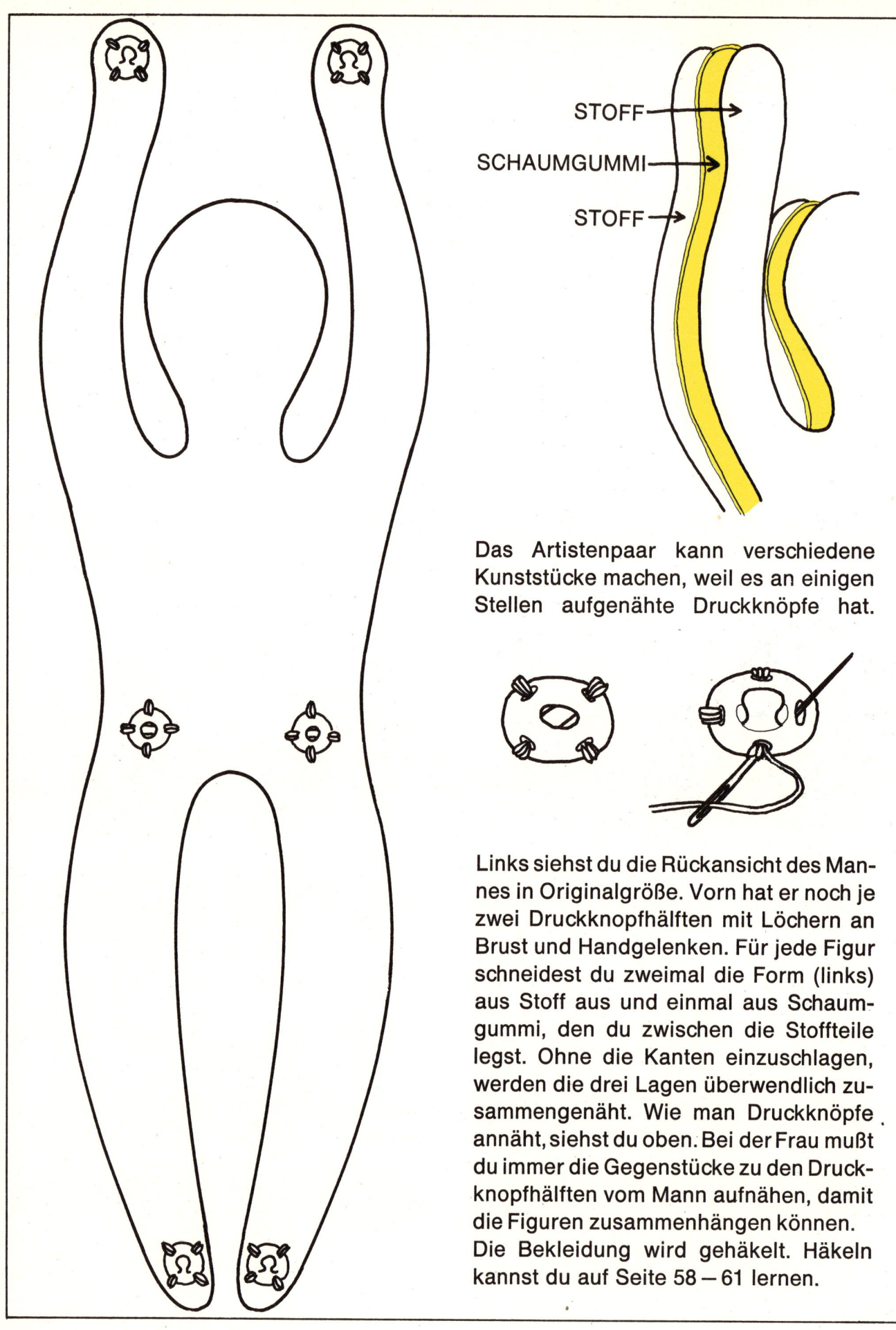

STOFF

SCHAUMGUMMI

STOFF

Das Artistenpaar kann verschiedene Kunststücke machen, weil es an einigen Stellen aufgenähte Druckknöpfe hat.

Links siehst du die Rückansicht des Mannes in Originalgröße. Vorn hat er noch je zwei Druckknopfhälften mit Löchern an Brust und Handgelenken. Für jede Figur schneidest du zweimal die Form (links) aus Stoff aus und einmal aus Schaumgummi, den du zwischen die Stoffteile legst. Ohne die Kanten einzuschlagen, werden die drei Lagen überwendlich zusammengenäht. Wie man Druckknöpfe annäht, siehst du oben. Bei der Frau mußt du immer die Gegenstücke zu den Druckknopfhälften vom Mann aufnähen, damit die Figuren zusammenhängen können. Die Bekleidung wird gehäkelt. Häkeln kannst du auf Seite 58 – 61 lernen.

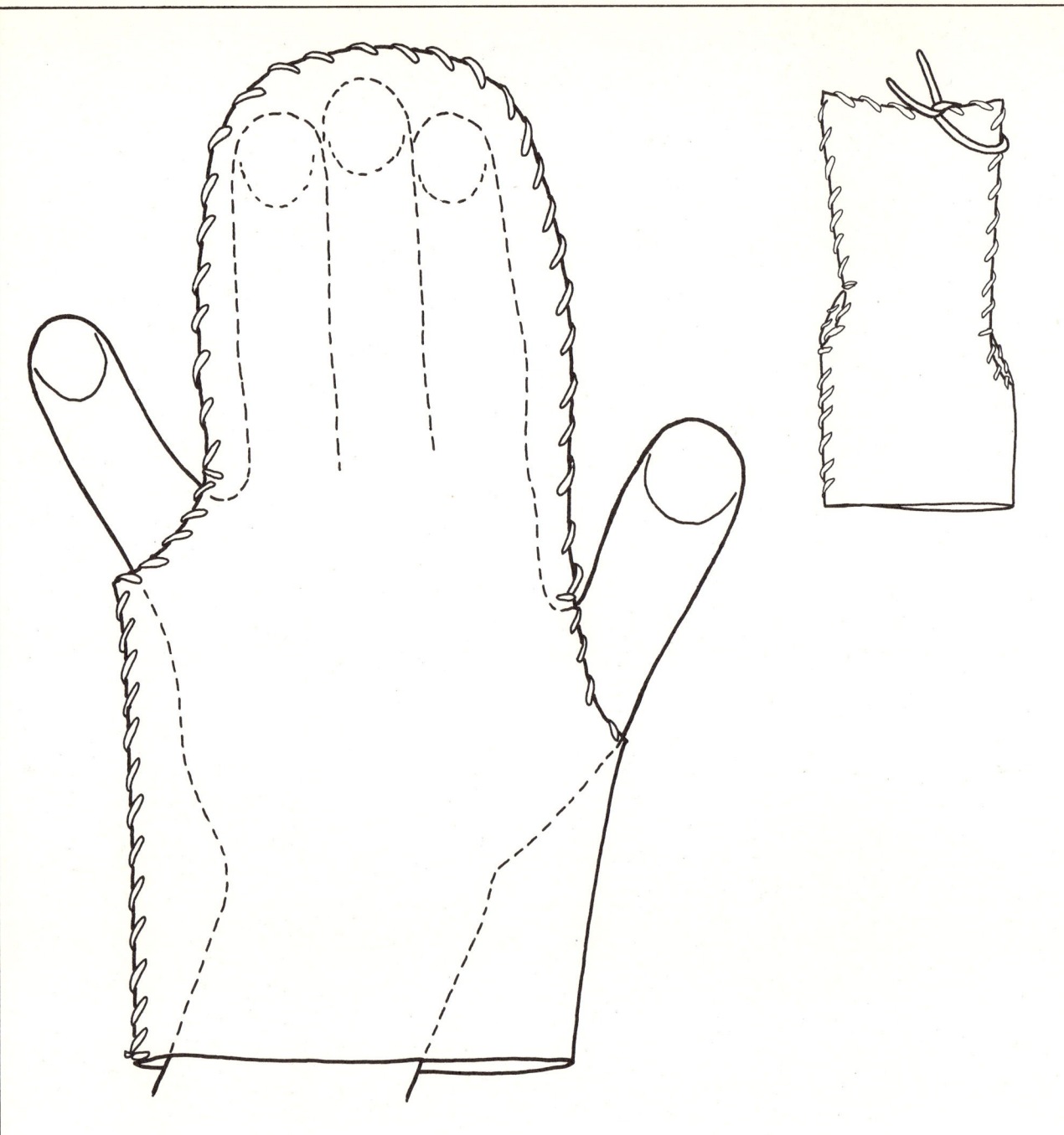

Fingerfiguren kann man billig aus Staublappen machen. Ein Lappen kostet 50 Pfennig, und er reicht für vier Figuren. Auf die Form kommt es hier nicht so genau an, wichtiger ist die phantasievolle Ausstattung. Die große Zeichnung zeigt, wie du den Stoff nach deiner Hand zuschneiden und nähen kannst. Dort, wo keine Stiche gezeichnet sind, ist der Stoff doppelt gelegt — Bruch nennt man das.

Beim Zusammennähen werden seitlich Löcher für Daumen und kleinen Finger freigelassen. Die Kanten werden umnäht, sonst fransen sie aus. Du kannst auch anderen Stoff, zum Beispiel Filz, nehmen. Willst du eine Tierfigur machen, schneidest du den Stoff oben gerade und bindest die Ecken als Ohren ab (oben rechts). Du kannst natürlich auch den Stoff so falten, daß der Bruch oben ist.

Für den Laubfrosch brauchst du ein kleines Stück elastischen Stoff (das kann ein alter Strumpf sein oder der Ärmel eines nicht zu dicken ausrangierten Pullovers), dazu zwei Perlen oder Knöpfe und etwas Stickgarn oder Wolle. Gefüllt wird der Frosch mit Vogelfutter oder Reis, deshalb solltest du die Stiche dicht nebeneinander machen, sonst rinnt die Füllung heraus. Nach dem Schnitt auf dieser Seite schneidest du zwei gleiche Stoffstücke zu, ohne am Rand etwas für die Naht hinzuzugeben, und nähst die Teile überwendlich (siehe Seite 7) zusammen. Für die Füllung bleibt ein kleiner Schlitz offen. Er wird nach dem Füllen zugenäht. Als Augen Perlen oder Knöpfe aufnähen.

Ein Flötenfutteral, Nadelkissen für Näh- oder Schmucknadeln, eine Hülle fürs Adressenverzeichnis, ein verschließbarer Umschlag für das Tagebuch und ein besticktes Brillenetui sind Sachen, mit denen man vielen eine Freude machen kann — auch sich selbst. Das Taschengeld wird dabei nicht zu sehr beansprucht: das Flötenfutteral ist aus billigem Teppicheinfaßband gemacht, und für die anderen Kleinigkeiten brauchst du nur Reste. Den Stoff für den Tagebuch-Umschlag liefert ein Putzlappen für 95 Pfennig. Lediglich das Vorhängeschlößchen ist teuer, es kostet um 2 Mark. Übrigens: der Schriftzug „Geheim" besteht aus einer gehäkelten Luftmaschenkette (Seite 58), die auf das vorgeschriebene Wort aufgenäht wurde. Wenn du magst, kannst du es auch sticken (S. 31).

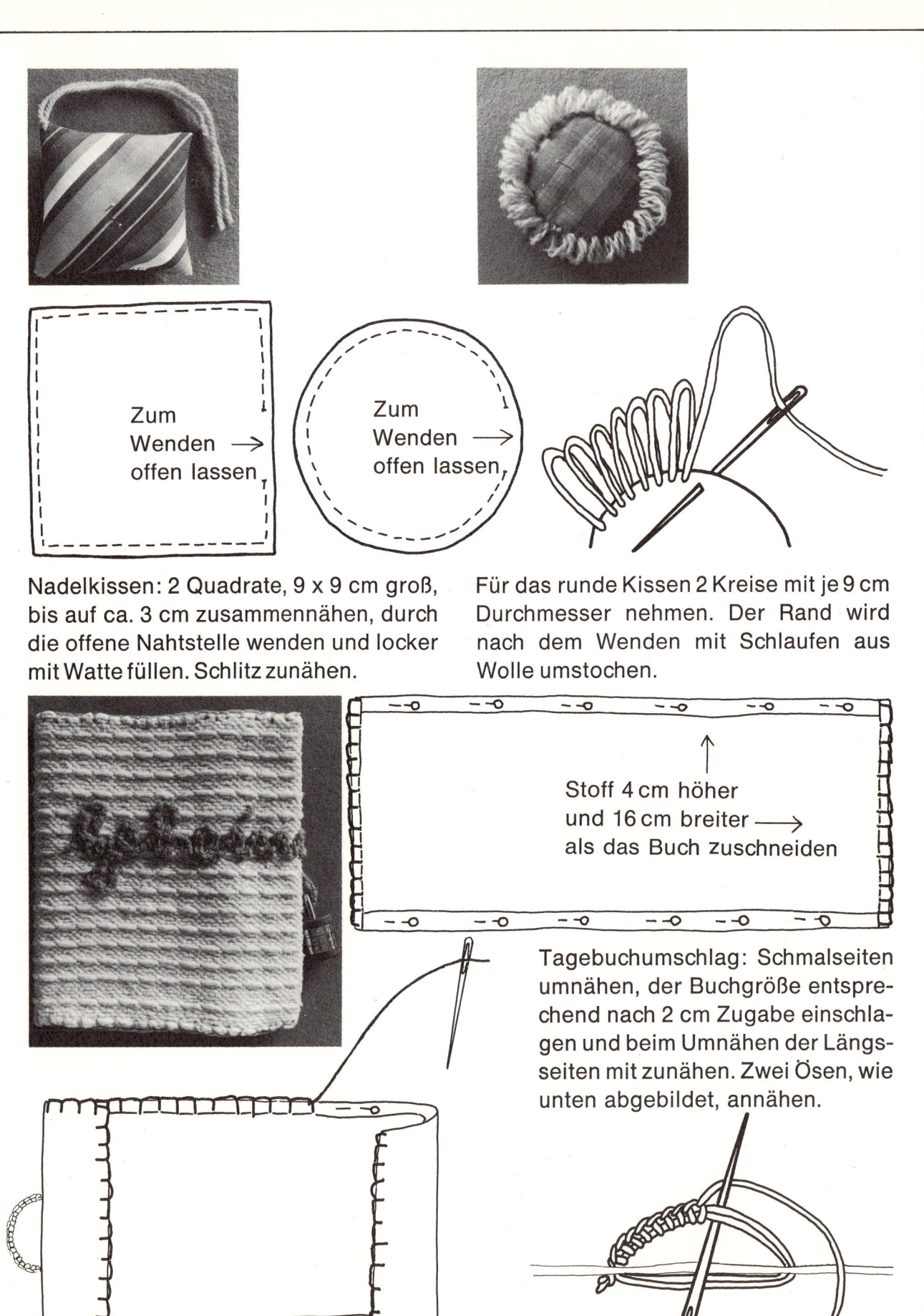

Nadelkissen: 2 Quadrate, 9 x 9 cm groß, bis auf ca. 3 cm zusammennähen, durch die offene Nahtstelle wenden und locker mit Watte füllen. Schlitz zunähen.

Für das runde Kissen 2 Kreise mit je 9 cm Durchmesser nehmen. Der Rand wird nach dem Wenden mit Schlaufen aus Wolle umstochen.

Stoff 4 cm höher und 16 cm breiter → als das Buch zuschneiden

Tagebuchumschlag: Schmalseiten umnähen, der Buchgröße entsprechend nach 2 cm Zugabe einschlagen und beim Umnähen der Längsseiten mit zunähen. Zwei Ösen, wie unten abgebildet, annähen.

Die Buchhülle sollte, je nach Buchdicke, 1 – 2 cm größer sein als die Buchdeckel, sonst spannt sie, und man kann das Buch nicht zuklappen.

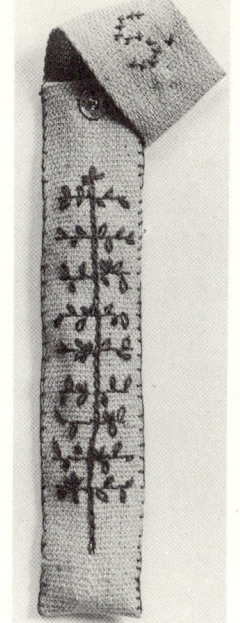

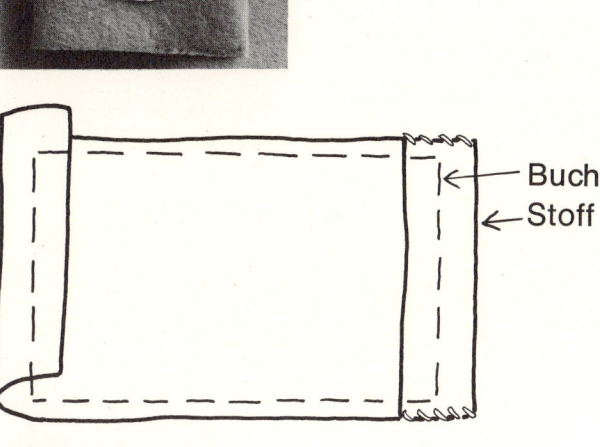

Buch
Stoff

Flötenfutteral: 75 cm Teppichband an den Enden 2 cm breit umsäumen. Will man dieses Stück besticken, sollte man es als erstes tun. Dann ein Ende, mit dem Saum nach innen, 25 cm weit umschlagen und die Längsseiten mit Schlingstichen zunähen, das kurze Bandende nach vorn umschlagen und die Stellen für den Druckknopf anzeichnen.

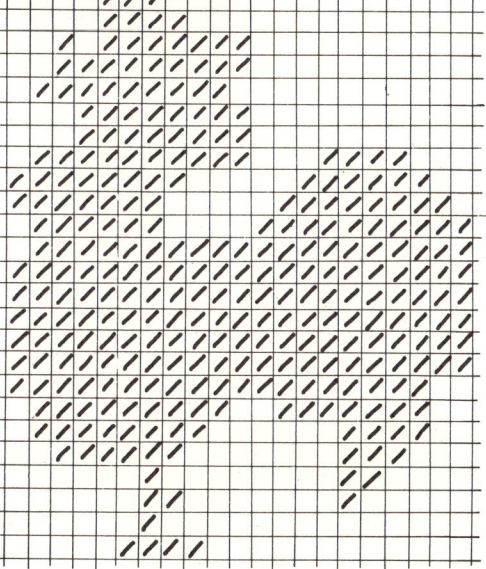

Stickerei liegt innen

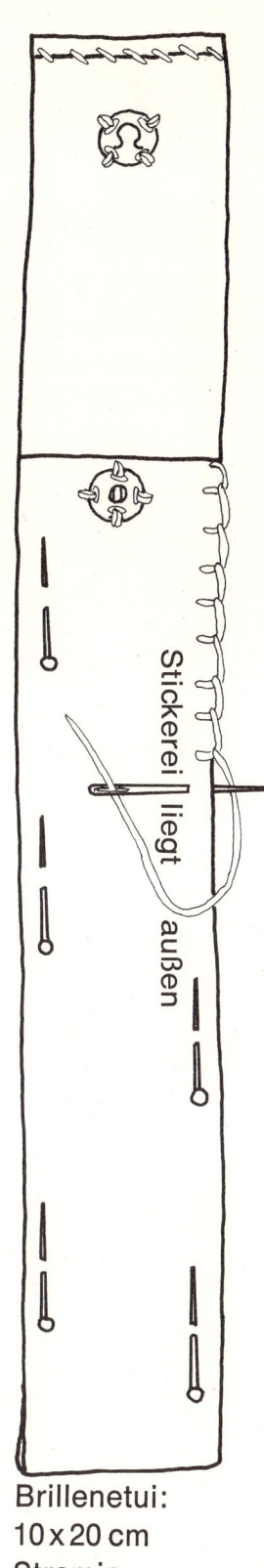

Stickerei liegt außen

Brillenetui:
10 x 20 cm
Stramin
auf einer Seite
besticken und
wie auf der
Zeichnung links
zusammennähen.

# Applizieren

Wenn man auf einen Stoff kleinere Stücke als Verzierung aufnäht, dann nennt man diese Arbeit applizieren. Das fertige Stück heißt Applikation. Wenn es sich um Kleidung oder Gebrauchsgegenstände handelt, müssen die applizierten Stoff- stücke gut festgenäht sein. Bei dekora- tiven Arbeiten, wie Wandbildern, kann man auch Stoffrollen (Schnecke) oder winzige Stückchen (Papagei) nur stellen- weise befestigen. Strick- oder Häkelteile eignen sich auch zum Applizieren.

Zum Applizieren brauchst du: möglichst viele verschiedene Stoffreste, Näh- oder Stickgarn, Nähnadel und Schere, Klebstreifen oder Stecknadeln, Zeichenpapier und Bleistift.

Als Untergrund für Applikationen nimmt man festen Stoff. Zu weiche oder dünne Untergründe verziehen sich oder beulen leicht aus. Willst du einen elastischen Untergrund verzieren (z. B. einen Pulli),

mußt du auf der unrechten Seite ein Stück Futterstoff als Verstärkung mit großen Vorstichen anheften, das beim Applizieren mit festgenäht wird. Später ziehst du die Heftfäden heraus und schneidest den überstehenden Futterstoff rundherum ab.

Außer Gewebe kann man auch gehäkelte oder gestrickte Teile applizieren, und außerdem die Arbeit durch Perlen, Fäden, Knöpfe und Ringe beleben.

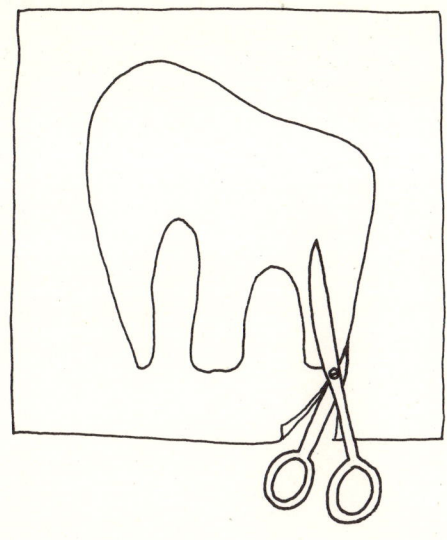

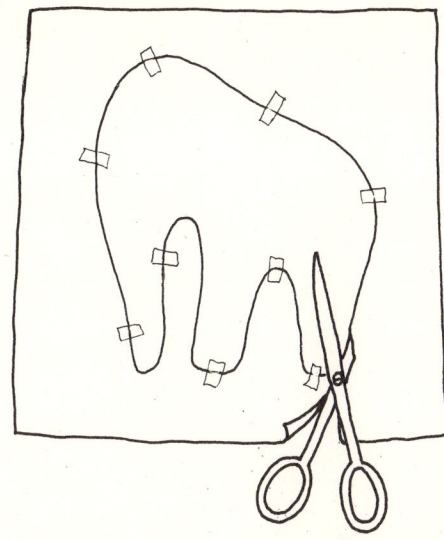

Zuerst zeichnest du das aufzunähende Teil (hier ein Elefant) auf Papier und schneidest es aus. Es geht dabei nur um die Grundform, Einzelheiten werden später hinzugefügt.

Das Papiermuster befestigst du mit Nadeln oder Klebstreifen auf dem Stoff, aus dem du das Tier herstellen willst. Dann schneidest du es möglichst sorgfältig aus.

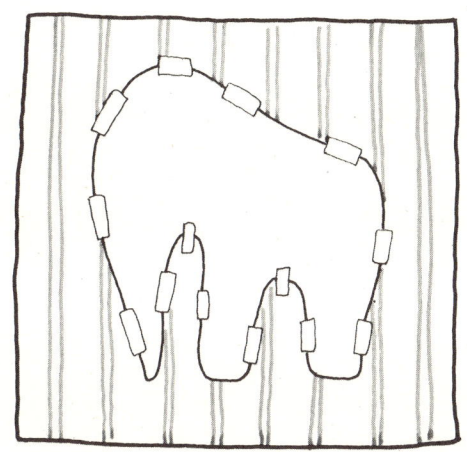

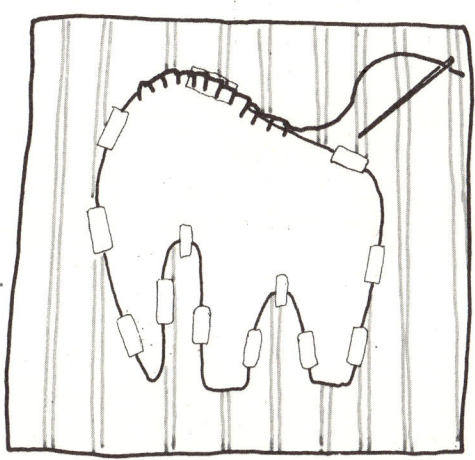

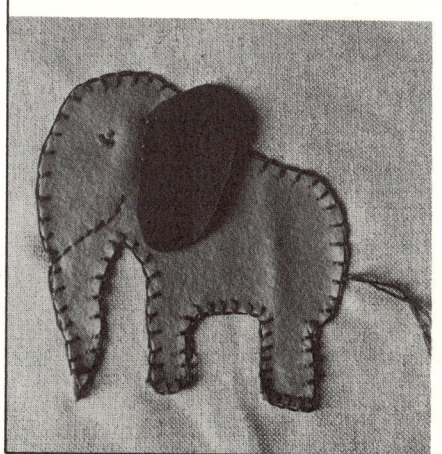

Das ausgeschnittene Motiv wird mit Nadeln oder auch Klebstreifen auf dem Untergrund befestigt und aufgenäht. Dabei kannst du ruhig über den Klebstreifen nähen; er läßt sich später trotzdem abreißen. Bist du mit dem Annähen fertig, kommen die Feinheiten: bei diesem Elefanten wurden Ohr und Schwanz angenäht und Auge und Stoßzahn aufgestickt.

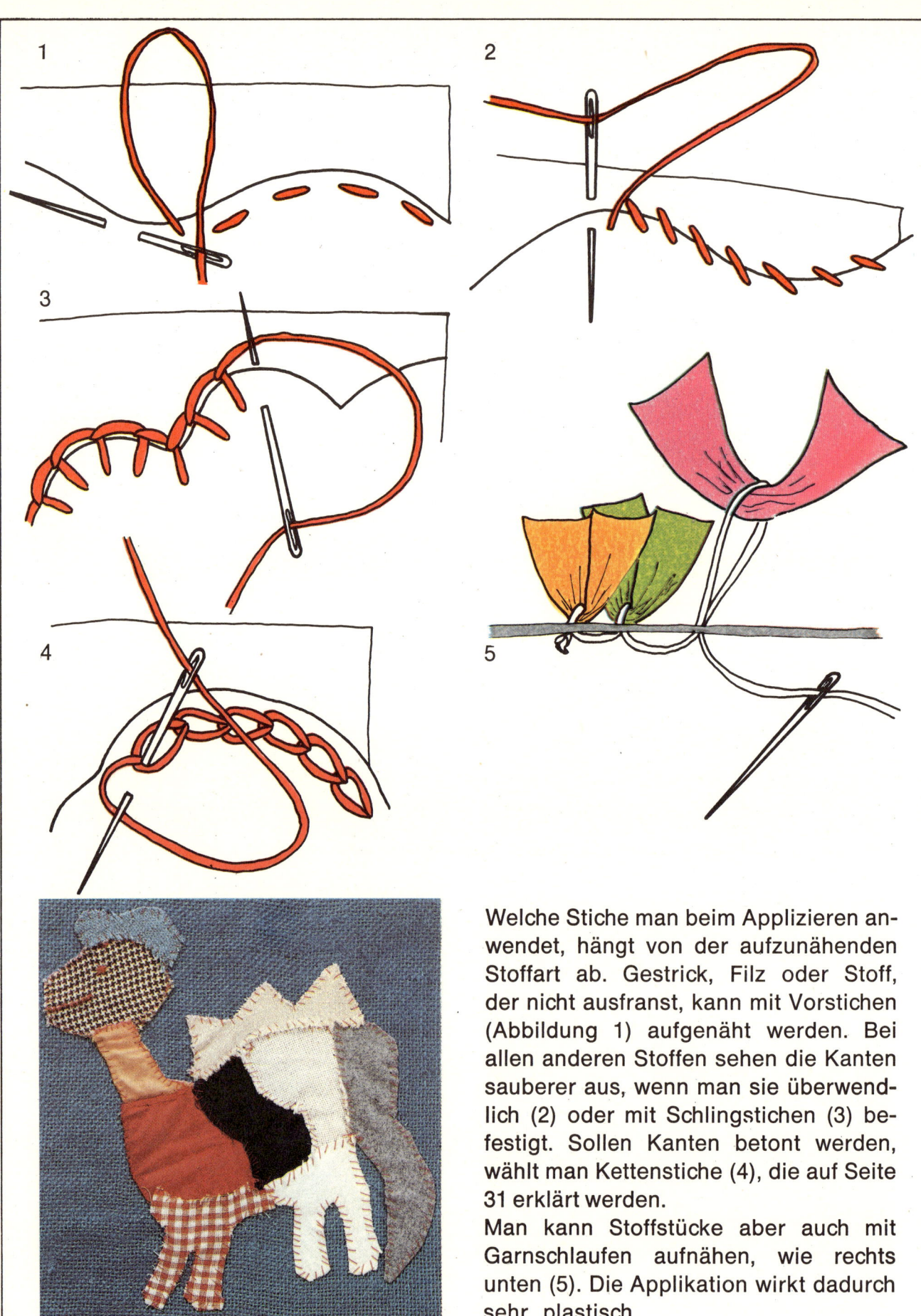

Welche Stiche man beim Applizieren anwendet, hängt von der aufzunähenden Stoffart ab. Gestrick, Filz oder Stoff, der nicht ausfranst, kann mit Vorstichen (Abbildung 1) aufgenäht werden. Bei allen anderen Stoffen sehen die Kanten sauberer aus, wenn man sie überwendlich (2) oder mit Schlingstichen (3) befestigt. Sollen Kanten betont werden, wählt man Kettenstiche (4), die auf Seite 31 erklärt werden.

Man kann Stoffstücke aber auch mit Garnschlaufen aufnähen, wie rechts unten (5). Die Applikation wirkt dadurch sehr plastisch.

Ein Stück Teppichknüpfgrund — es kann auch etwas anderes sein — und viele bunte Reste Baumwollstoff, Filz und Wollgarn ergeben einen prächtigen Blumenstrauß. Die Stoffstückchen werden, wie sie sind, einzeln oder mit anderen gebündelt, dicht an dicht mit Garnschlaufen auf dem Untergrund befestigt. Dazwischen kommen Bündel aus Wollfäden, teilweise zu kleinen Schleifen gebunden. Beim Annähen muß der Faden nach jedem Stich gut festgezogen werden, damit die kleinen Stoffstückchen nicht aus den Schlaufen rutschen.

Beim Applizieren gibt es verschiedene Möglichkeiten. Eine hast du schon auf Seite 23 kennengelernt: das Arbeiten nach einem Papierschnittmuster. Diese Methode ist die beste, wenn du ein bestimmtes Motiv — zum Beispiel ein Tier — auf einer begrenzten Fläche unterbringen willst. Du kannst aber auch von den vorhandenen Stoffresten ausgehen und daraus eine Applikation aufbauen. Diese Methode nennt man freies Applizieren. Sie macht mehr Spaß, weil man ungebunden ist und alles, was einem während der Arbeit noch neu einfällt,

gleich mit ausführen kann. Man kann auch Stoffe wellig aufnähen, sie falten, raffen, umbiegen oder einrollen. Will man eine größere Fläche aus vielen Einzelteilen gestalten, sollten die kleinen Stoffstückchen jeweils in der Mitte mit einem Tupfer Papierkleber oder Klebestift befestigt werden. Keinen Alleskleber nehmen, er macht häßliche Flecke! Man fängt mit dem Hintergrund an. Was am weitesten vorn stehen soll, wird als letztes aufgenäht. Das Foto rechts zeigt eine vorbereitete Arbeit. Die Applikation auf dem Foto unten ist fast fertig.

Eine andere Möglichkeit, eine größere Applikationsarbeit auszuführen, ist, daß du dir einen Entwurf mit Buntstiften oder Filzstiften auf ein Blatt Papier vorzeichnest. Nach dieser Zeichnung — hier ist es das Märchen „Die Prinzessin auf der Erbse" — sucht man geeignete Stoffstückchen, Fäden, Knöpfe oder was sonst zur Verfügung steht, zusammen. Findet man nicht das richtige Material, kann man auf einfarbige Stoffe auch mit Filzschreibern die gewünschten Muster aufmalen. Auch Fäden, mit denen man die Stoffe festnäht, können angemalt werden. Das macht man am besten vor dem Nähen. Wenn du die linke Zeichnung mit der Applikation rechts vergleichst, kannst du feststellen, daß sie zwar ähnlich, aber nicht genauso ist: Das Bett hat statt des Baldachins einen Vorhang bekommen, und in dem Bett ist ein Kissen weniger auf die goldene Erbse getürmt. Appliziert wurde hier in dieser Reihenfolge: Bettgestell, Erbse, Kissen von unten nach oben. Dann Kopf, Körper, Füße, Haare und Krone der Prinzessin. Dann Gardine und Nachttöpfchen sowie die Knöpfe der Kissen. Zum Schluß wurde das Gesicht der Prinzessin gestickt.

Zur Verstärkung der fertigen Applikation schneidet man ein Stück Pappe aus, das ringsherum 3 cm kleiner ist als der Stoff. Die Stoffkanten biegt man um die Pappe nach hinten und klebt sie dort fest. Zum Aufhängen näht man an die oberen Ecken Ringe oder Schlaufen, wie sie auf Seite 18 unten gezeichnet sind.

# Sticken

Zum Sticken brauchst du: Perlgarn oder Sticktwist, Schere, Sticknadel und einfarbigen Stoff. Man unterscheidet fadengebundenes und freies Sticken. Für das freie Sticken kann man jeden Stoff und eine spitze Nadel nehmen. Fadengebundenes Sticken, wie Kreuzstiche, führt man mit einer stumpfen Nadel – Straminnadel genannt – auf Stoffen aus, bei denen man die Fäden oder Gewebekästchen zählen kann, zum Beispiel Grobleinen oder Stramin.

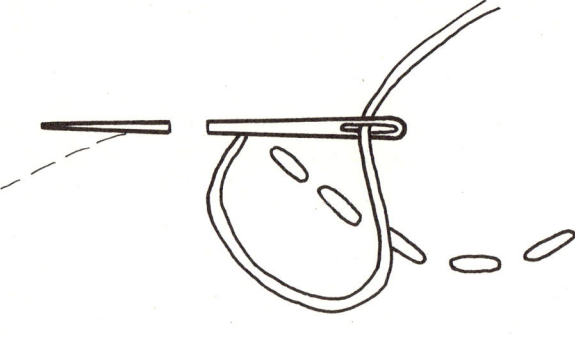

Vorstiche sind eigentlich Nähstiche, aber wenn man mit farbigem Garn arbeitet, sehen sie auch als Stickstiche hübsch aus. Man sticht in kleinen, möglichst gleichmäßigen Abständen in den Stoff ein und wieder heraus.

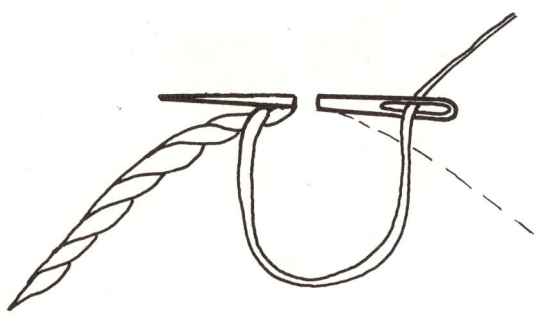

Stielstiche fängt man links an, sticht die Nadel aber von rechts nach links jeweils ein Stück vor dem vorigen Stich ein und an dessen Einstichpunkt wieder heraus. Der Faden hängt stets im Bogen unter der Nadel.

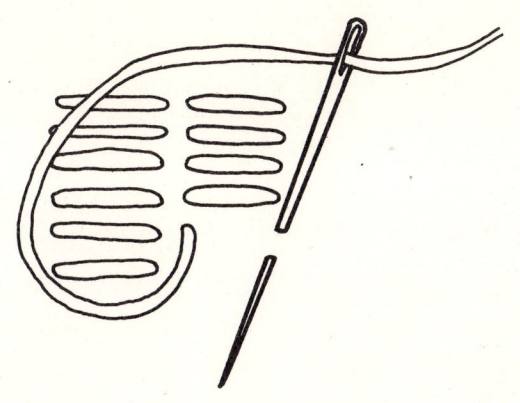

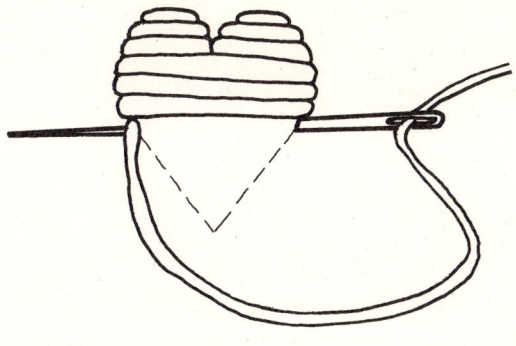

Sparstiche werden abwärts gestickt: links ausstechen, Faden nach rechts spannen, einen Vorstich machen, nach links spannen, Vorstich, usw.

Plattstiche kann man senkrecht oder waagerecht machen: man sticht dabei dicht nebeneinander immer unter der ganzen Stickfläche durch.

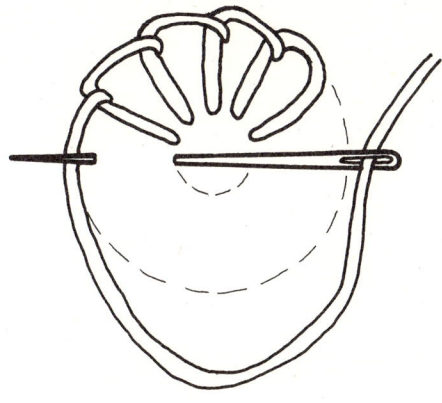

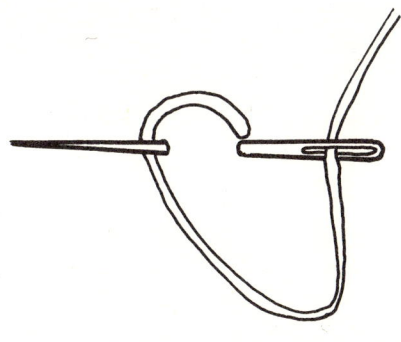

Schlingstiche kennst du schon vom Nähen und Applizieren. Hier sind sie im Kreis gestickt. Man beginnt mit einer Schlaufe von der Mitte aus.

Kettenstiche: von unten zur Vorderseite durchstechen, einen kleinen Vorstich machen und dabei den Faden im Bogen unter die Nadelspitze legen . . .

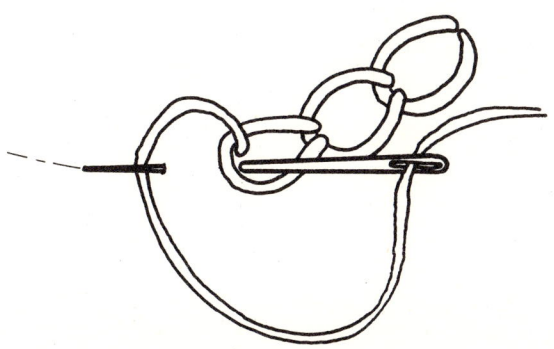

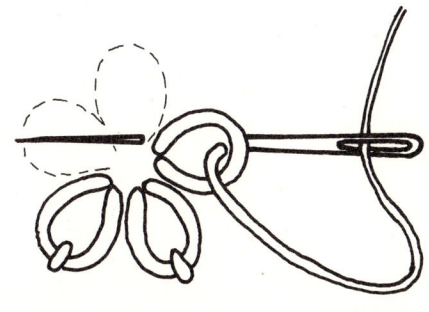

. . . den nächsten Einstich neben dem Ausstich im Bogen machen usw.

Millefleurstiche (Margeritenstiche): Kettenstiche einzeln als Kreis sticken.

Ein Herz, eine Blüte oder eine andere einzelne Darstellung nennt man Motiv. Setzt man ein kleines Motiv in ein größeres, so nennt man das Doppelmotiv. Stellt man zum Beispiel zwei Herzen mit den Rundungen oder Spitzen gegeneinander, entsteht ein Spiegelmotiv.

Motive fortlaufend angeordnet ergeben ein Muster. Es gibt viele Möglichkeiten der Musterbildung, zum Beispiel Reihe, Block oder Kreis. Beim Block kann man wiederum die Motivreihen untereinander oder versetzt, jeweils unter den Lücken der Vorreihe, anordnen.

Aus gleichen Motiven von unterschiedlicher Größe kann man weitere Muster bilden.

Es ist wichtig, daß man bei lebhaften Mustern nicht zu viele verschiedene Farben nimmt — ausgenommen, man will einen Blumenstrauß oder einen Garten darstellen —, sonst nehmen sich Farbe und Form der Stickerei gegenseitig die Wirkung. Beim Entwerfen von Mustern geht man entweder von der Mitte oder einer Ecke der Fläche aus.

Mit besticktem Stoff beklebte Zündholzschachteln sind ein originelles Geschenk für Erwachsene. Du brauchst dazu winzige Stoffstückchen, Fadenreste und etwas Kleber. Zuerst markierst du die Umrisse der einen Schachtelseite auf dem Stoff, damit du weißt, wieviel Platz du für die Stickerei hast. Es ist einfacher, wenn du den Stoff erst nach dem Besticken zerschneidest, denn ein größeres Stück kann man besser in der Hand halten.

Was und wie du stickst, bleibt ganz dir überlassen. Achte beim Aufkleben des Stoffes darauf, daß die Stoffränder überall mit Kleber bestrichen sind.

Es gibt Stoffe, die bereits mit Mustern zum Nachsticken bedruckt sind. Sie sind für Leute gedacht, die nicht wissen, wie man selbst Muster erfindet und Flächen aufteilt. Dabei ist das ganz leicht: mit ein paar großen Stichen begrenzt man den Platz, der zu besticken ist. Dann zeich- net man das erste Motiv — hier ein Kreis für eine Blüte — auf den Stoff und stickt es gleich nach. Daneben, etwas darüber oder darunter versetzt, kommt der näch- ste Kreis (oder was es sein soll). Er wird auch sofort nachgestickt, damit man die Flächenwirkung besser beurteilen kann.

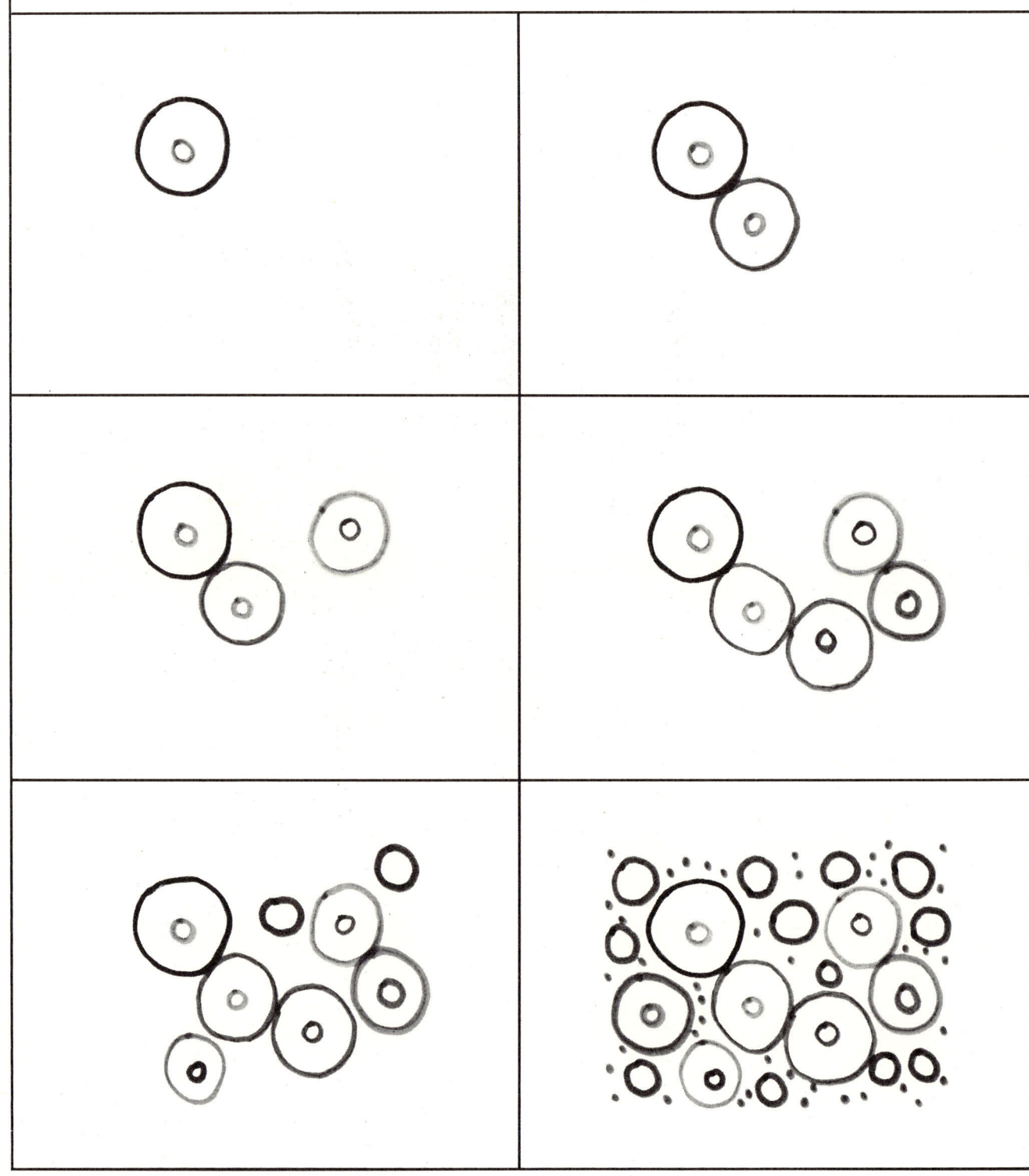

Der dritte Kreis wird in einigem Abstand gestickt, so daß die Stickerei ungefähr gleichmäßig verteilt ist. Darauf mußt du auch bei den nächsten Kreisen achten. Ordne sie so an, daß du jederzeit mit der Stickerei aufhören könntest, ohne daß sie unfertig aussieht. Lücken zwischen den großen Einzelmotiven kannst du mit kleineren Motiven, Pünktchen oder aufgenähten Perlen ausfüllen.

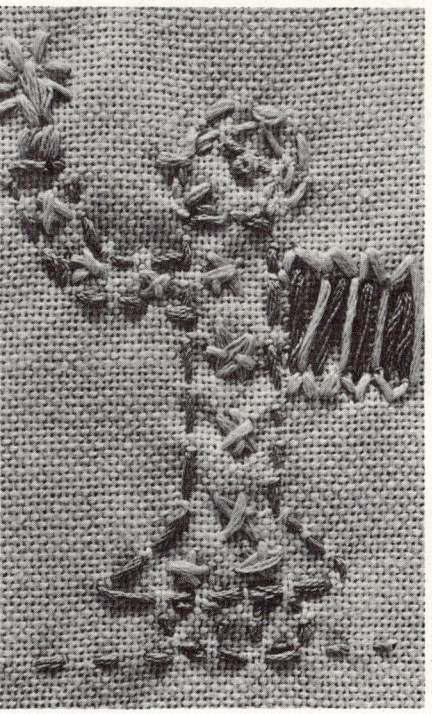

Eine Zeichnung nachzusticken ist einfacher als du denkst. Versuch es einmal, fang einfach an, und zwar ohne die Zeichnung mit Bleistift auf dem Stoff nachmalen. Sticke aus freier Hand, direkt von deiner Vorlage ab: zuerst die Umrisse — hier Kleid und Ärmel — in Stichen, die dir am leichtesten fallen.

Die Fotos zeigen den Engel von der Zeichnung einmal mit Vorstichen und einmal mit Stielstichen (rechts) nachgestickt. Man kann auch verschiedene Sticharten miteinander verbinden. Der Engel ist hier nur als Beispiel gedacht. Es macht dir bestimmt mehr Freude, nach einer eigenen Vorlage zu sticken.

Wer ein Weihnachtsbild sticken möchte, muß zeitig damit anfangen, wenn es zum 1. Advent fertig sein soll. Eine große Arbeit dauert lange, und man hat nicht jeden Tag Zeit und Lust zum Sticken. In etwa vier Wochen müßte es aber zu schaffen sein. Die Stickerei hier ist ohne Rand 17×21 cm groß, dazu muß man ringsherum noch 6 cm für den Saum (siehe Seite 7) rechnen.

Markiere zuerst die Begrenzung für die Stickfläche, indem du, 3 cm von jeder Schnittkante entfernt, einen Faden aus dem Gewebe ziehst. Sticken kannst du auf jedem hellen einfarbigen Stoff. Er sollte aber nicht fest gewebt sein, sonst geht die Nadel so schwer durch. Am besten arbeitest du auf einem Untergrund, den man unter der Bezeichnung „Handarbeitsstoff" kaufen kann.

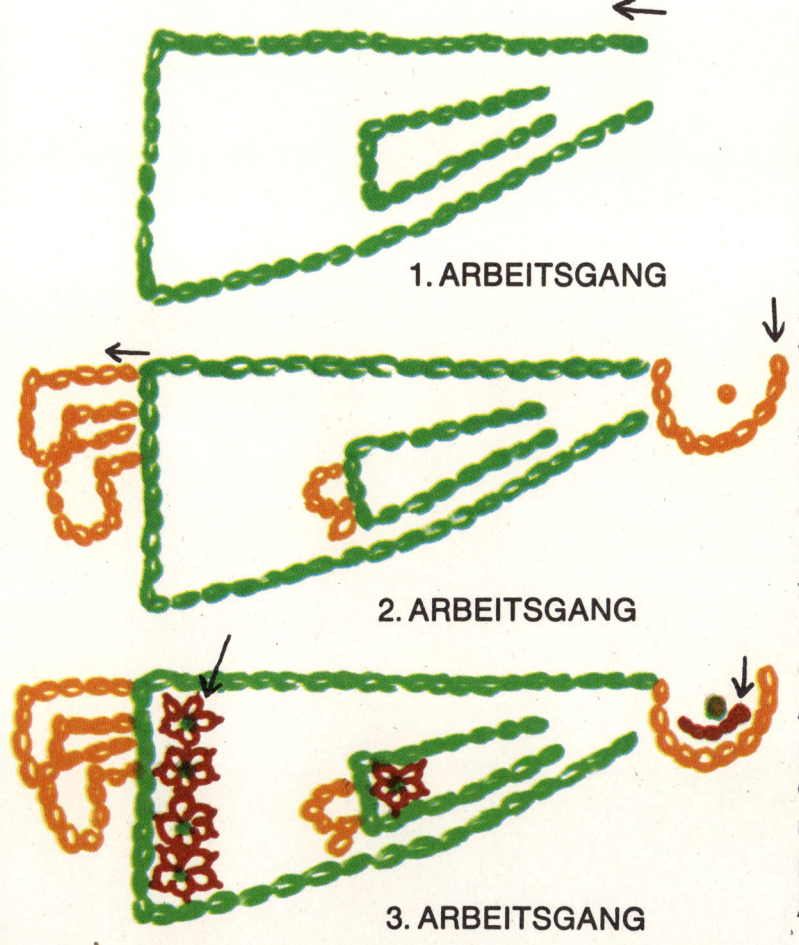

**1. ARBEITSGANG**

**2. ARBEITSGANG**

**3. ARBEITSGANG**

Oben siehst du die Zeichnung, nach der das Weihnachtsbild links gestickt wurde. An diesem Beispiel kannst du verfolgen, wie man es macht. Das Christkind hier ist in der Größe gezeichnet, die der fertigen Stickerei entspricht. Die Anzahl der gestickten Kettenstiche braucht nicht mit der Zeichnung übereinzustimmen; man kann größere, kleinere oder sogar ganz andere Stiche machen. Zu Beginn mißt man ab, wo der erste Stich für das Kleid (Pfeil) zu machen ist. Dann stickt man die Umrisse des Kleides, danach den Ärmel. Anschließend kommen die Beine, der halbe Kopf mit Nase und die Hand; als nächstes der Mund und die Blümchen mit den grünen Mittelpunkten an Saum und Ärmel.

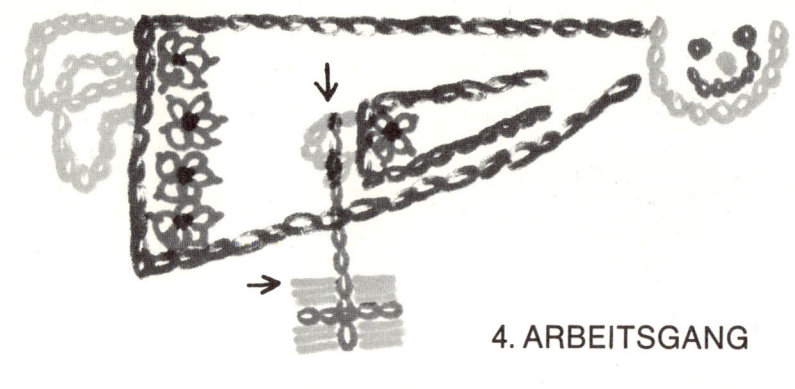

**4. ARBEITSGANG**

Bei dem Päckchen wird zuerst die Schnur gestickt. Das Päckchen selbst stickt man entweder im Plattstich oder im Spannstich. Beide Sticharten sind auf Seite 31 näher erklärt. Mit dem gleichen Faden wie die Paketschnur werden auch die Augen gestickt: zwei einzelne Kettenstiche.

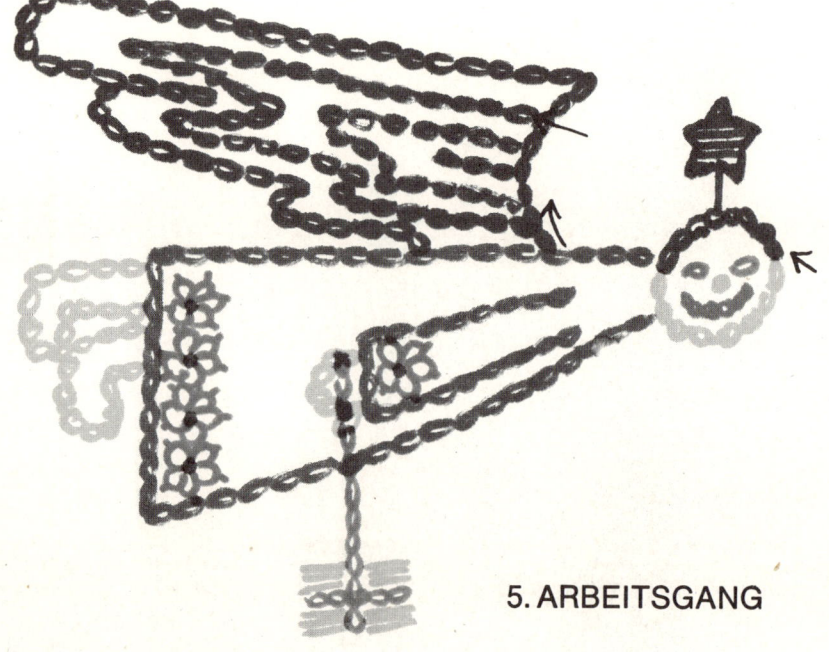

**5. ARBEITSGANG**

An diesem Arbeitsgang ist viel zu sticken. Zuerst kommt das Diadem mit dem Stern im Plattstich. Bei dem Flügel beginnt man mit der Außenumrandung, stickt dann die nächst kleinere, dann die kleinste und zuletzt den geraden kurzen Strich in der Flügelmitte.

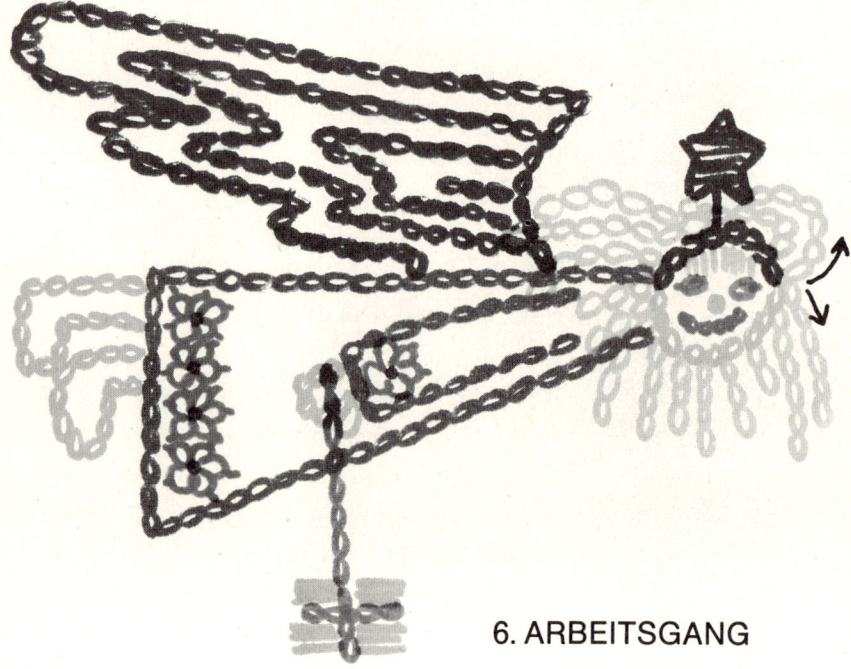

**6. ARBEITSGANG**

Die wehenden blonden Haare werden vom Kopfansatz zu den Spitzen hin gestickt, wie die Pfeile es zeigen. Unterhalb des Diadems kommen ein paar Plattstiche als Pony. Das Christkind ist nun fertig. Die Stadt kann man beliebig sticken. Am besten fängt man bei der Kirche an.

Campinghocker mit einfarbigen Bezügen gibt es billig zu kaufen. Diese haben knapp 2 Mark gekostet. Bunt bestickt sind sie zu hübschen Möbeln geworden. Man kann auch von einem älteren Hokker den Bezug abnehmen und durch einen neu bestickten ersetzen. Beim Befestigen am Gestell findet sich sicher jemand zum Helfen.

Am besten stickt man mit Mattstickgarn oder dünnem Bast und dicker Nadel.

Will man eine Rosette sticken, zeichnet man mehrere Kreise ineinander und stickt die Linien nach. Die Zwischenräume füllt man mit Phantasiestichen.

Die Möwe auf dem anderen Hocker wird in Umrissen mit Bleistift direkt auf den Stoff gezeichnet. Den Körper stickt man ganz mit Vorstichen aus, die in verschiedene Richtungen laufen, Auge, Zunge, Schnabel und Beine mit Plattstichen.

Kreuzsticharbeiten machen am meisten Spaß, wenn man die Muster selbst entwirft. Man nimmt dazu ein Blatt aus dem Rechenheft und zeichnet Kreuze in die Kästchen. Jedes Kreuz ist ein Stich. Wie man Kreuzstiche richtig stickt, steht auf Seite 42. Man kann auch Kreuzstichmuster mit der Schreibmaschine tippen, sie sind aber schwerer nachzusticken, weil die Kreuze so klein sind und man sie schlechter auszählen kann.

Als Anhaltspunkte für eigene Entwürfe siehst du oben ein paar Motivvorschläge. Solche Einzelmotive kann man als Bilder sticken oder mehrere Motive zusammenstellen, so daß ein Mustertuch entsteht, wie es rechts abgebildet ist.
Solche Stickmustertücher sind hübsch als Andenken an einen besonderen Tag: eine Hochzeit, eine Geburt, einen Umzug oder ein Ereignis, an das man sich oder andere ein Leben lang erinnern möchte.

Der Kreuzstich ist eine fadengebundene Stickerei. Die Bezeichnung kommt daher, weil man sich nach den Fäden des Stoffes richtet: man sticht in die Zwischenräume des Gewebes. Deshalb nimmt man für diese Stickart auch eine Nadel mit abgestumpfter Spitze. Der für fadengebundenes Sticken am häufigsten verwendete Stoff heißt Stramin. Man kann auch grobes Leinen verwenden.

Der Kreuzstich besteht aus zwei einzelnen schrägen Stichen, deren Fäden sich kreuzen. Der erste halbe Stich heißt Unterstich, der andere Deckstich. Unterstiche laufen stets von links unten nach rechts oben — ganz gleich, ob man waagerecht oder senkrecht stickt. Die Deckstiche werden in entgegengesetzter Richtung gemacht. Man kann auch nur halbe Kreuzstiche ausführen.

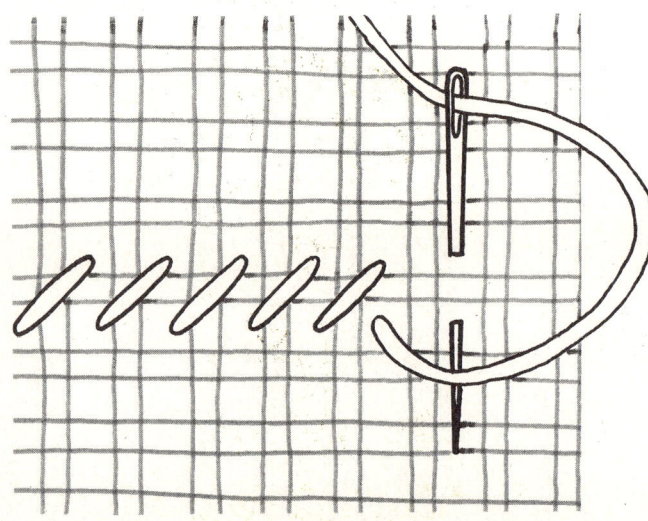

Bei den Unterstichen, die links beginnen, wird die Nadel in Abwärtsrichtung unter einem Gewebefaden durchgestochen.

Bei den Deckstichen von rechts nach links sticht man unter denselben Gewebefäden durch wie bei der Hinreihe.

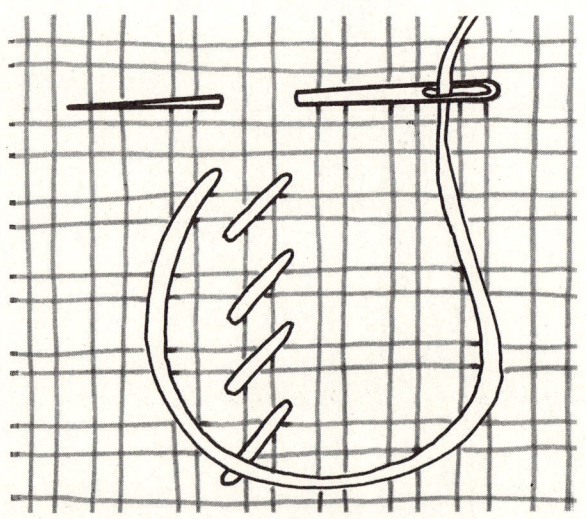

Senkrechte Reihen stickt man von unten nach oben. Die Nadel wird waagerecht von rechts nach links geführt.

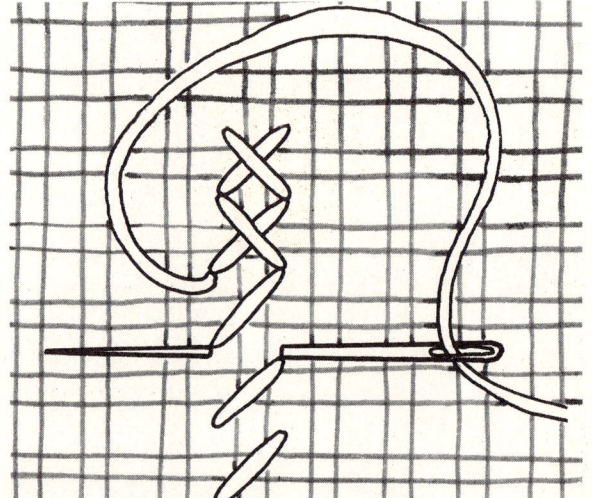

Die Deckstiche stickt man in Abwärtsrichtung darüber. Dabei soll man in die Lücken, nicht in die Fäden stechen.

Vorstiche, die du ja schon kennst, kann man auch fadengebunden auf Zählstoff sticken. Man sticht hierbei nicht durch die Fäden des Gewebes, sondern in die Lücken dazwischen. Dabei soll der Stichfaden nur locker angezogen werden, sonst ist er nicht genügend zu sehen.
Aus dem abgebildeten Alphabet kannst du dir beliebige Buchstaben heraussuchen und zusammenstellen.

Du stickst den Buchstaben zuerst in Auf- und Abstichen nach. Dann stickst du noch einmal zurück, wobei du nun immer die Zwischenräume zwischen zwei Stichen übergehst, also in entgegengesetzter Folge auf und ab stichst. Den Endfaden vernähst du zum Schluß auf der Rückseite.
Unter dem Alphabet sind die Arbeitsgänge noch einmal gezeigt.

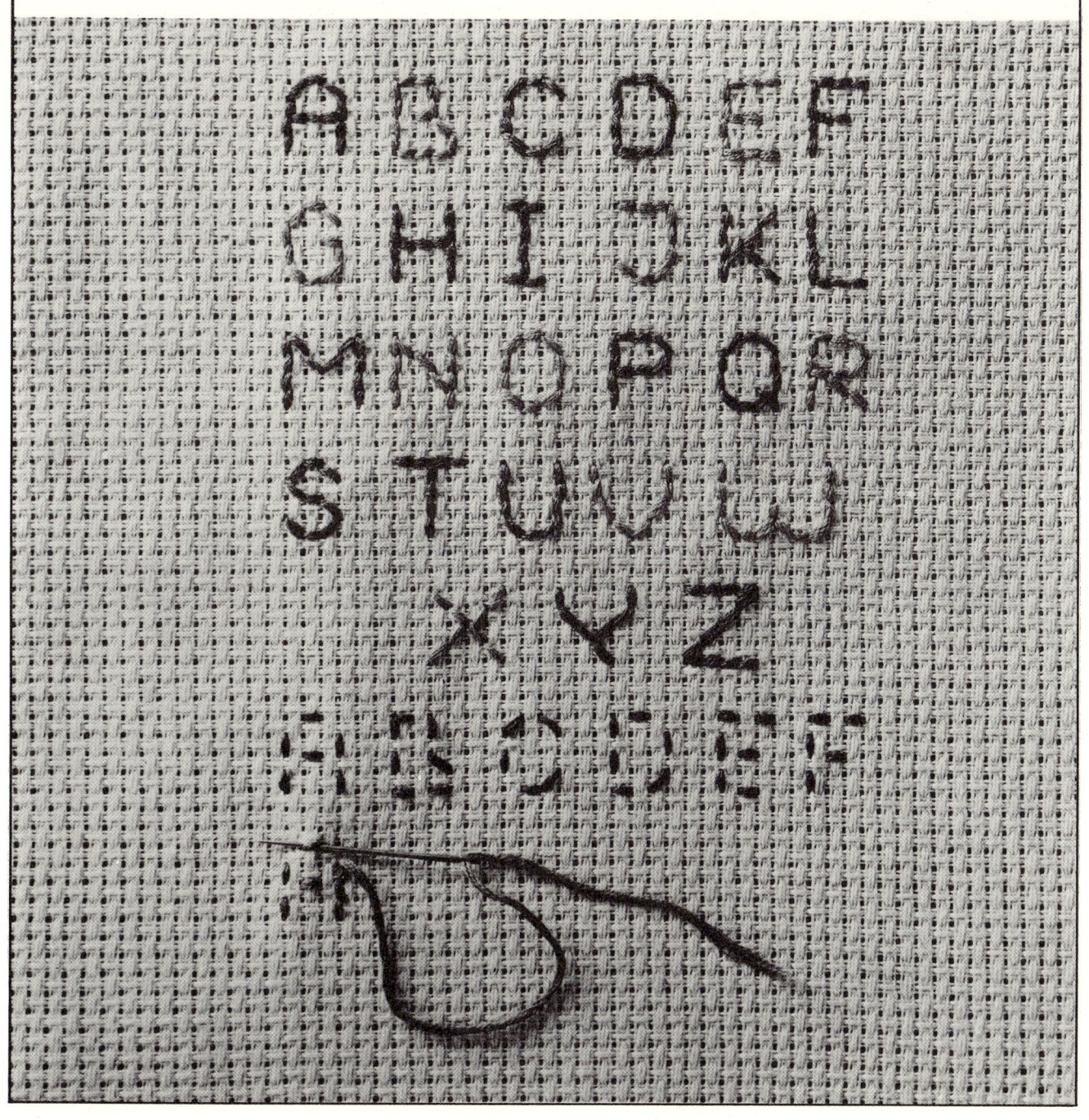

# Weben

Glaube nicht, daß zum Weben teure Geräte nötig sind. Schon auf einem Stück Pappe, einem Schuhkarton oder einem Bilderrahmen aus Holz kann man richtig weben. Das ist wirklich ganz einfach. Auch das Material ist nicht teuer, denn zum Weben kann man besonders gut Garnreste verwenden. Man kann auch Stoffreste in schmale Streifen schneiden und diese zum Weben nehmen. Sogar Kordeln, Bindfäden, Plastikschnur oder Bast eignen sich für diese Technik.

Die Arbeiten, die du hier siehst, sind alle hin und her gewebt. Man kann aber auch rundherum weben. Wie man das macht, steht auf Seite 55. Das Gerät dazu kannst du ebenfalls ganz leicht aus Pappe selber machen. Buchzeichen, Untersetzer, Platzmatten, Wandteppiche und kleine Taschen — einfarbig, gestreift, kariert oder mit einer Figur — sind nur einige von vielen Dingen, die du weben kannst. Auf den nächsten Seiten findest du Beispiele und Arbeitsanleitungen dazu.

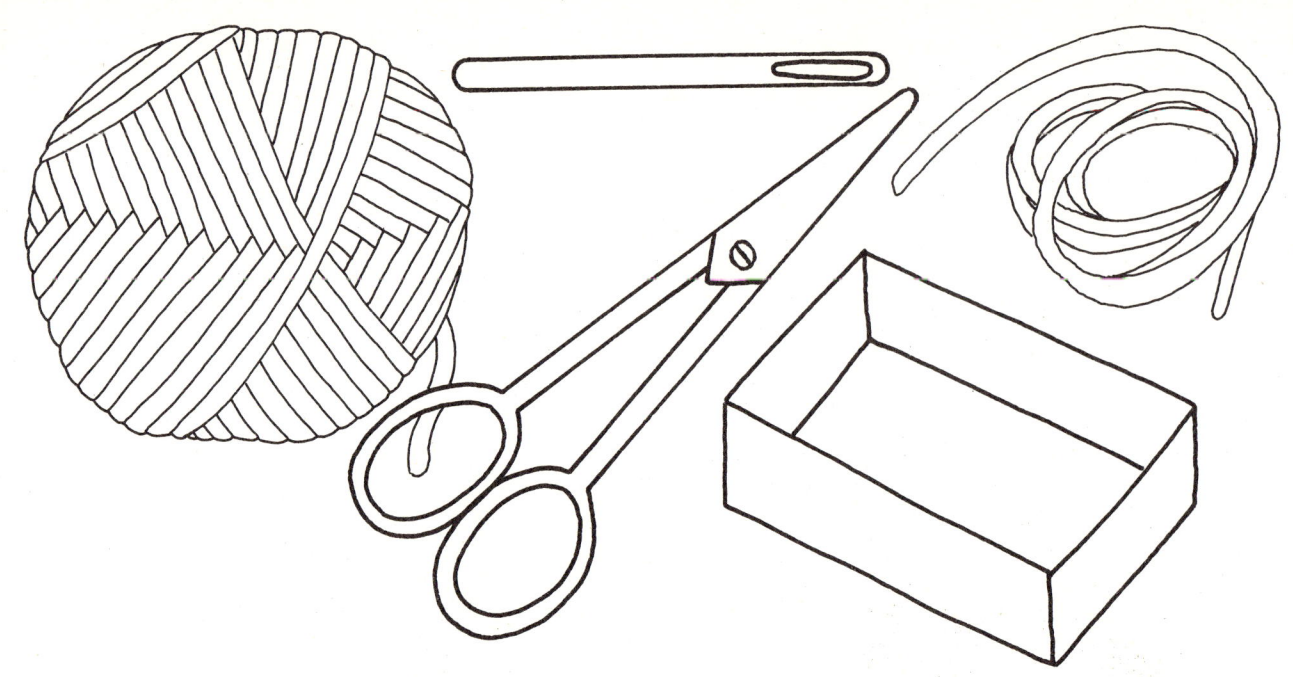

Zum Weben brauchst du: Garn vom Knäuel für die Spannfäden, Kette genannt, und Garnreste für die Einziehfäden, Schuß genannt; außerdem eine Schere, eine Durchziehnadel (mit abgerundeter Spitze), einen möglichst festen Pappkarton oder ein Stück Pappe und ein Zentimetermaß.

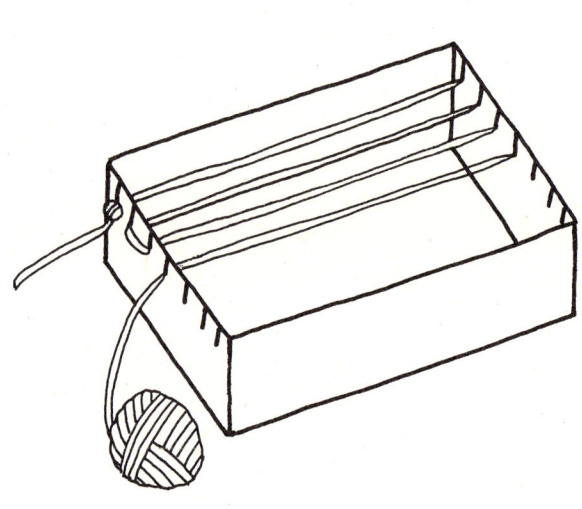

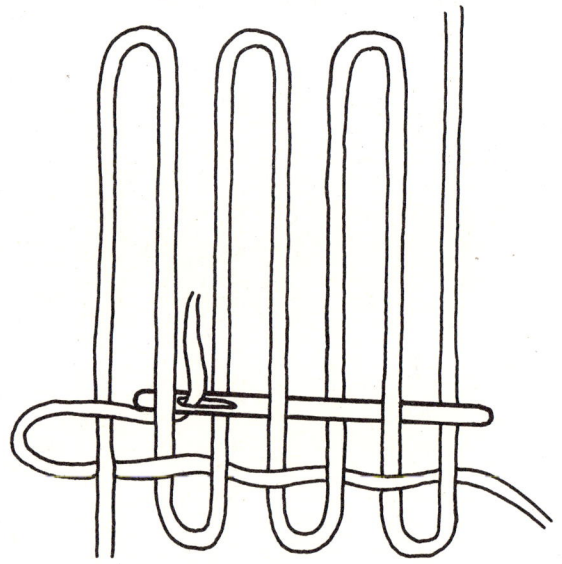

In die Schmalseiten des Kartons schneidest du in Abständen von 1 cm senkrechte Schlitze, etwa 2 cm tief, in ungerader Zahl. An den vom Knäuel kommenden Faden knotest du eine Halteperle und ziehst den Faden von außen nach innen durch den ersten Schlitz hinten links. Dann spannst du ihn über die Kartonöffnung zum Schlitz gegenüber. Auf der Außenseite läuft der Faden zum Schlitz daneben und wieder über die Kastenöffnung zurück. So spannst du den Faden hin und her über den ganzen Kasten und knotest an das Ende wieder eine Perle. Die Kette ist damit fertig. Sie wird mit dem in die Nadel eingefädelten Schußfaden durchwebt, wobei man abwechselnd über und unter einem Kettfaden entlangfährt. Man beginnt an der Ecke rechts unten und webt nach links.

Hat man die erste Reihe gewebt, geht man mit der Nadel in umgekehrter Folge wieder zurück: dort, wo man zuvor unter dem Kettfaden hindurchgefahren ist, geht man jetzt drüber und umgekehrt. So arbeitet man reihenweise hin und her. Achte darauf, daß der Schußfaden locker eingezogen (eingelegt heißt es beim Weben) wird, sonst zieht sich das Gewebe zusammen und wird immer schmaler. Nach jeder Reihe schiebst du mit einem Kamm oder einer Gabel den Schußfaden nach unten an die vorhergehenden an. Ein neuer Faden wird nicht angeknotet, sondern nur eingelegt.

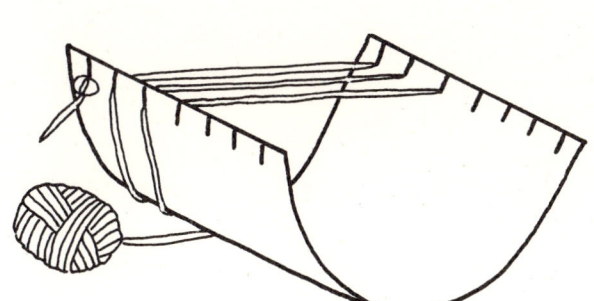

Wer keinen Karton hat, kann auch auf einem Stück Pappe weben. Die Pappe wird an den Schmalseiten genauso eingeschnitten wie der Karton. Der Kettfaden wird hier hinter jedem Schlitz unter der Pappe zum anderen Rand geführt, die Pappe wird dabei etwas zusammengedrückt. Gewebt wird wie beim Karton. Bist du fertig, schneidest du die Kettfäden auf der Unterseite der Pappe in der Mitte durch.
Beim Karton löst du die Weberei aus den Schlitzen und füllst die entstandenen Schlingen aus, indem du in der Hand noch ein paar Reihen nachwebst.

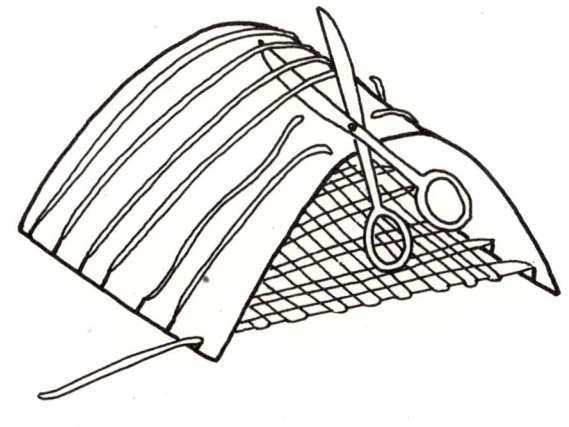

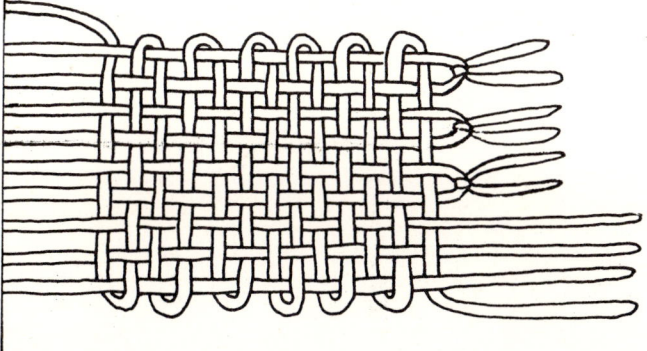

Die Enden der Kettfäden verknotest du paarweise zu Fransen oder stopfst sie mit einer dicken Nadel einzeln ins Gewebe zurück.

Hier siehst du, daß man auf einer Papp-gondel, wie sie auf der vorigen Seite beschrieben ist, auch gut weben kann. Sind die Kettfäden in weitem Abstand gespannt und die Schußfäden dicht zusammengeschoben, sieht man die Kette gar nicht. Ein solches Gewebe nennt man Schußrips. Macht man die Schlitze im Karton enger zusammen, wird die Kette entsprechend dichter. Stehen Kette und Schuß gleich dicht zusammen, entsteht ein Gewebe, das man Leinenbindung nennt. Das Weben auf einer dichten Kette dauert länger. Anstelle von Garn kann man auch in Streifen geschnittenen Stoff als Schußmaterial verwenden.

Man ist beim Weben nicht allein an bunte Reihen gebunden, sondern kann auch Motive weben. Man nennt das „Bildweberei". Am einfachsten ist die Kelimtechnik, bei der die Webfläche stellenweise durch Schlitze unterbrochen ist. Man webt nach einer selbst entworfenen Vorlage, die hinter den Kettfäden am Webrahmen befestigt wird. Sie sollte nicht zu schwierig sein und klare Umrisse haben.

Als Webrahmen kann man auch einen kleinen Bilderrahmen benutzen, in dessen Schmalseiten man Nägel einschlägt.

Du findest bestimmt jemanden, der dir bei der Herstellung des Webrahmens behilflich ist. Auch einen Bilderrahmen wirst du sicher beschaffen können — vielleicht vom Sperrmüll? Notfalls müßtest du etwas vom Taschengeld opfern und im Bastelgeschäft Keilrahmenleisten kaufen, wie sie für die Ölmalerei gebraucht werden. Sie sind immerhin billiger als andere und haben den Vorteil, daß man die Nägel einschlagen kann, bevor man den Rahmen zusammensetzt. Bei einem fertig verleimten Rahmen ist es schwierig, die Nägel auf der zweiten Schmalseite anzubringen, wenn auf einer Seite schon Nägel sind. Man kann sich behelfen, indem man ihn zum Einschlagen der Nägel über eine mit Pappe geschützte Tisch- oder Stuhlecke hängt. Die Nägel werden in Abständen von ½ cm so tief eingeschlagen, daß sie beim Spannen der Kettfäden nicht wieder herausgezogen werden können.

Die gezeichnete Webvorlage wird mit Klebstreifen hinter dem Rahmen befestigt.

Dann wird die Kette davorgespannt: Man beginnt mit einer geknoteten Schlaufe, die man links unten über den ersten Nagel hakt und spannt die Fäden auf und ab, jeweils um einen Nagel, wie es auf der Zeichnung oben zu sehen ist. Am letzten Nagel wird das Ende des Fadens so befestigt, daß man es später wieder lösen kann. Oben und unten am Rahmen webt man einen etwas dicker zusammengefalteten Papierstreifen ein und verteilt die Abstände der Kette gleichmäßig. Das Papier wird später, wenn man den Hintergrund webt, wieder entfernt.

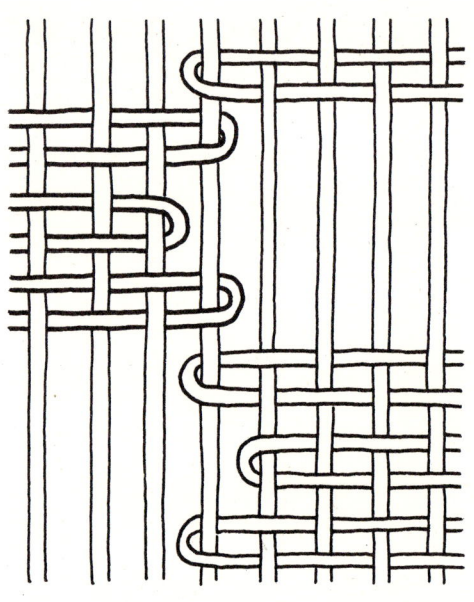

Zuerst wird das Motiv gewebt. Bei dem Roboter müßte man mit dem Mittelfeld beginnen. Danach webt man den übrigen Körper, ohne die Fäden mit denen vom

Mittelfeld zu verbinden. Man wendet bei dieser Webart immer dann um, wenn es die Vorlage verlangt — also auch mitten in der Reihe. Schräge Flächen, wie z. B. die Beine, entstehen, wenn man auf einer Seite der jeweiligen Reihe immer einen Kettfaden weniger umwebt (vor dem Wenden) und an der anderen Seite einen mehr. Will man größere Flächen weben, die immer um denselben Kettfaden gewendet werden, verbindet man die Fäden der angrenzenden Flächen stellenweise mit dem gewebten Stück, indem man denselben Kettfaden beim Wenden umschlingt (siehe Zeichnung Seite 50 unten). Ist das Motiv fertig, wird der Hintergrund gewebt und die Arbeit von den Nägeln abgehakt.

Die bisher gezeigten Webereien waren in ihrer Länge begrenzt. Zum Weben längerer Stücke braucht man einen Schulwebrahmen, wie er links abgebildet ist. Solche Rahmen gibt es ab 12 Mark zu kaufen. Die beiden Leisten an den Enden lassen sich drehen und ermöglichen dadurch eine beliebig lange Kette – das sind die Spannfäden. Die obere dieser Leisten nennt man Kettbaum, weil darauf die langen Kettfäden aufgewickelt werden, die man nach und nach während des Webens abwikkelt. Die untere Leiste heißt Warenbaum. Auf diese wird das jeweils fertig gewebte Teilstück gewickelt, wenn man die Kettfäden nachzieht. Die Leiste in der Mitte hat schräge Kanten, wie ein Dach. Darauf sind versetzt Schlitze angeordnet, in die die Fäden beim Aufziehen der Kette eingelegt werden. Kippt man die Leiste nach einer Seite, hebt sich jeder 2. Faden und die Fäden dazwischen senken sich. Es entsteht ein Zwischenraum, den man Fach nennt. Durch dieses Fach kann man in einem Zuge das Webschiffchen, auf das der Schußfaden aufgewickelt wird, hindurchschieben. Man braucht also nicht mit einer Nadel über und unter die einzelnen Kettfäden zu fahren wie bisher. Kippt man die Mittelleiste nach der anderen Seite, senken sich die zuerst gehobenen Fäden und die anderen kommen nach oben.

Diesen Vorgang nennt man Fachwechsel. Das Weben auf einem Schulwebrahmen (eine genaue Anleitung liegt immer dabei) geht viel schneller als das Stopfweben mit der Nadel. Die Schußfäden — das sind die, die man durch die Kette zieht — werden mit einem kleinen Kamm nach unten gegen den Warenbaum gedrückt. Ist das Gewebe fertig, löst man die Endfäden vom Kettbaum, wickelt das Gewebe vom Warenbaum ab und schneidet die Schlaufen der Kette auf. Die Fäden werden einzeln auf der Rückseite unsichtbar in den Schußfäden verstopft. Man kann sie auch paarweise verknoten, wie es auf Seite 47 gezeigt wurde.

Es gibt auch Webrahmen, die anstelle der Kippleiste in der Mitte einen sogenannten Gatterkamm haben, mit dem das Fach gebildet wird. Dieser Kamm hat Schlitze und Löcher, abwechselnd angeordnet, durch die die Kettfäden gezogen werden. Das Fach bildet sich durch Heben und Senken des Gatterkamms. Auf der nächsten Seite siehst du so einen Rahmen. Die Tasche rechts wurde darauf gewebt.

Auf einem Rundwebrahmen wie rechts unten sollte man eigentlich rundherum weben. Es geht aber auch hin und her. Wie man sich einen Rundwebrahmen selbst machen kann, wie die Kette gespannt wird und wie man darauf webt, ist auf Seite 55 genau beschrieben.

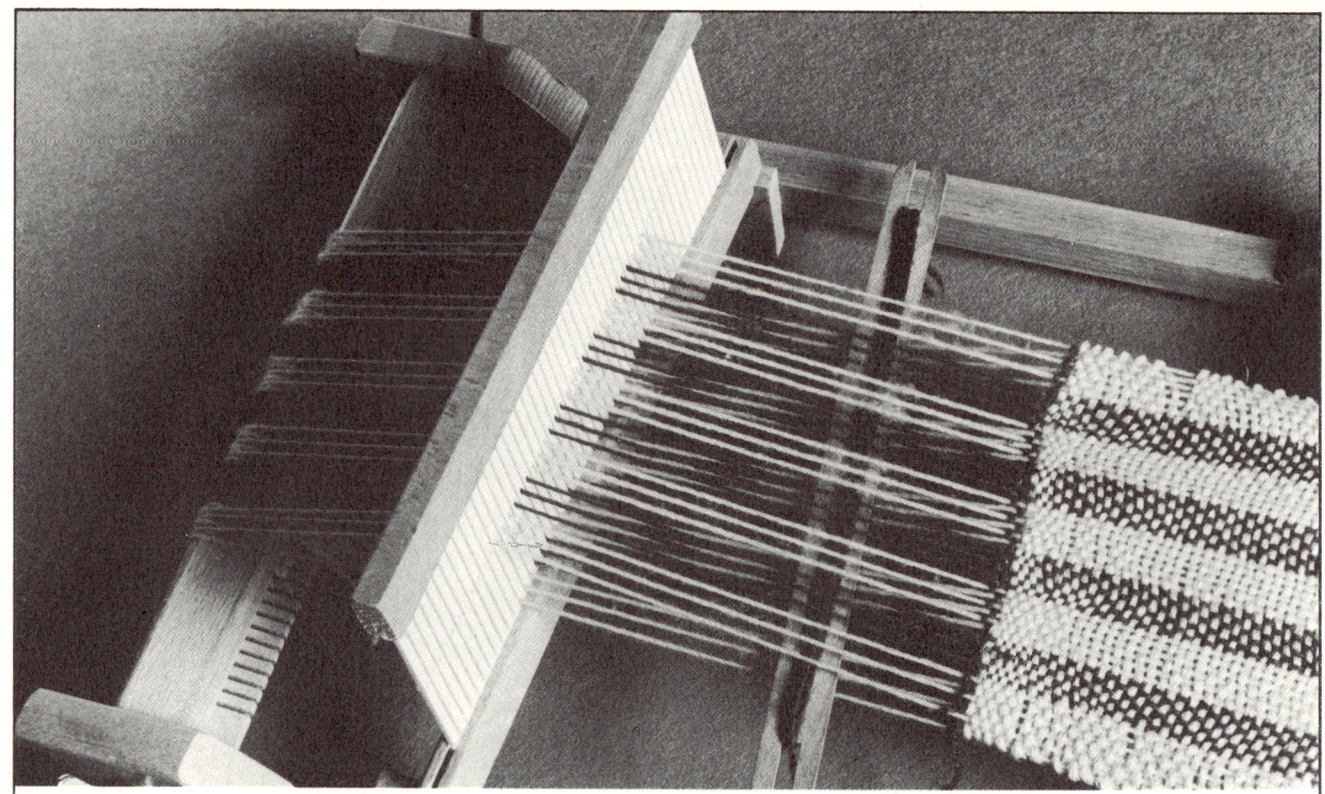

Dies ist ein Schulwebrahmen mit einem Gatterkamm. Die in Fünfergruppen gelb und blau eingezogene Kette ergibt bei einfarbigem Schuß Längsstreifen.

Wenn man das fertige Gewebe vom Rahmen herunternimmt, entspannt sich die Kette, und das Gewebe wird dadurch um etwa 1 cm kürzer, aber nicht breiter.

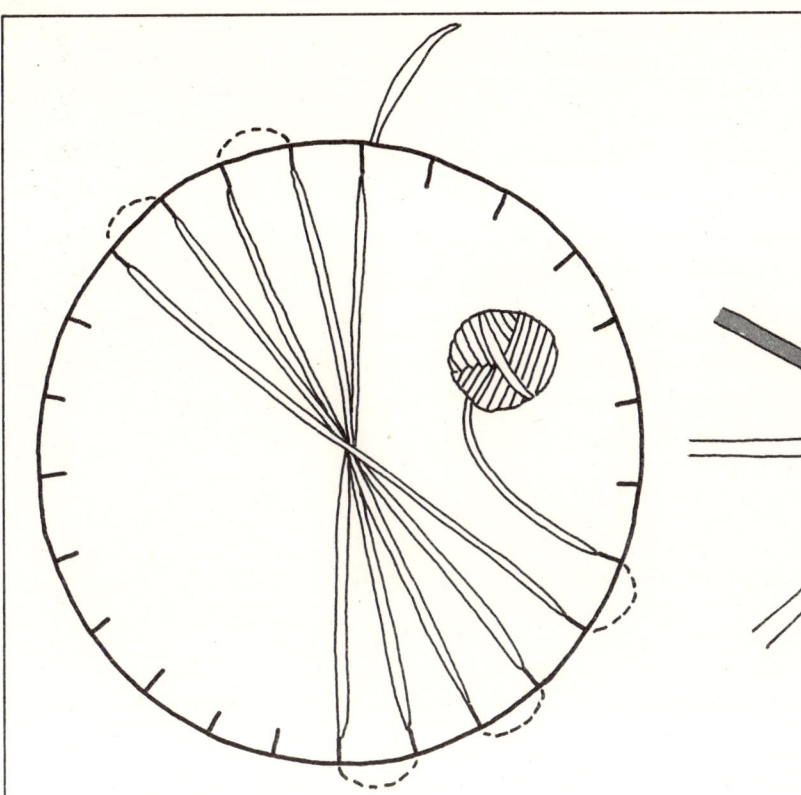

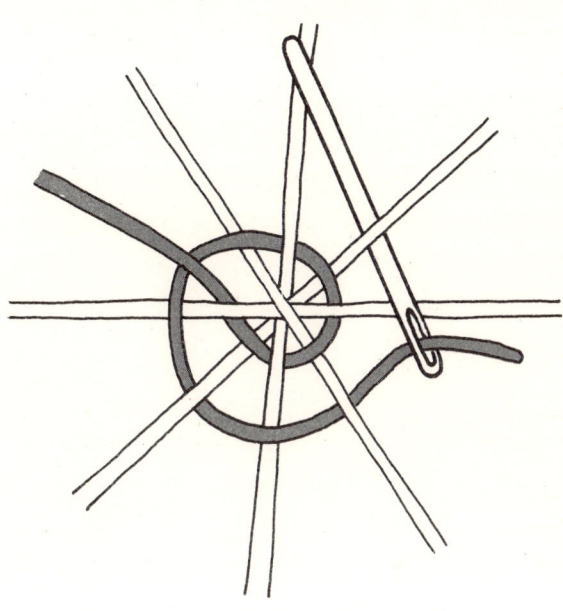

Der auf Seite 53 gezeigte Rundwebrahmen ist gekauft. Man kann aber auch auf einer runden Pappscheibe weben, in deren Rand man eine ungerade Anzahl Einschnitte gemacht hat, wie bei dieser Zeichnung.

Der Kettfaden wird von einem Einschnitt über die Mitte zum gegenüberliegenden Einschnitt geführt, dann auf der Rückseite nach rechts und nach vorn durch den nächsten Schlitz, über die Mitte links neben den Anfang, wieder hinten herum nach links, durch den nächsten Schlitz nach vorn, über die Mitte nach unten rechts usw. Zum Schluß ist noch ein Schlitz übrig, durch den der Faden von der Rückseite nach vorn kommt. Das lange Ende des Fadens wird in eine Durchziehnadel gefädelt. Mit ihm beginnt man von der Mitte aus schneckenartig rundherum zu weben (Zeichnung oben rechts).

Willst du hin und her weben, mußt du die Kettfäden wie auf der Zeichnung links unten spannen. Rechts und links bleibt ein Schlitz frei. Gewebt wird wie auf einem eckigen Rahmen.

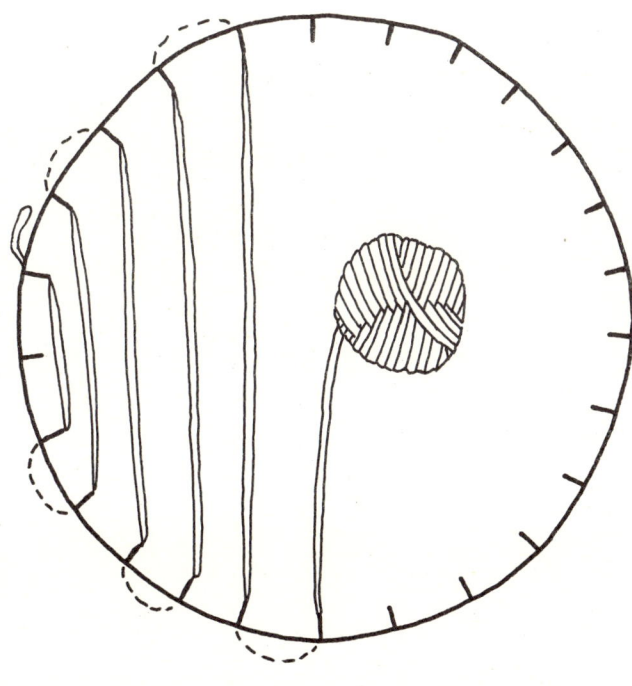

# Häkeln

Häkeln ist eine einfache Handarbeit, bei der man weder Nadeln einfädeln noch Fäden spannen muß wie beim Nähen, Sticken oder Weben. Eine Häkelarbeit kann man überall hin mitnehmen, und man kann sich mit ihr die Langeweile vertreiben, wenn man irgendwo warten muß. Häkeln ist schnell gelernt. Wenn du eine Häkelnadel besitzt und gleich anfängst, kannst du schon in einer Stunde mit dem Nachhäkeln eines der abgebildeten einfachen Modelle beginnen.

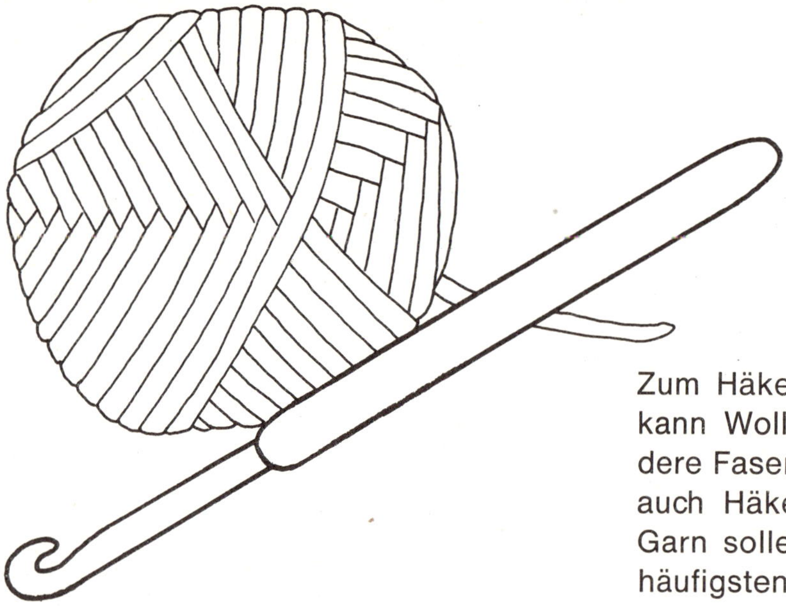

Zum Häkeln brauchst du: Garn — das kann Wolle, Baumwolle oder eine andere Faser sein — und eine Häkelnadel, auch Häkelhaken genannt. Nadel und Garn sollen etwa gleich dick sein. Am häufigsten braucht man Nr. 4.

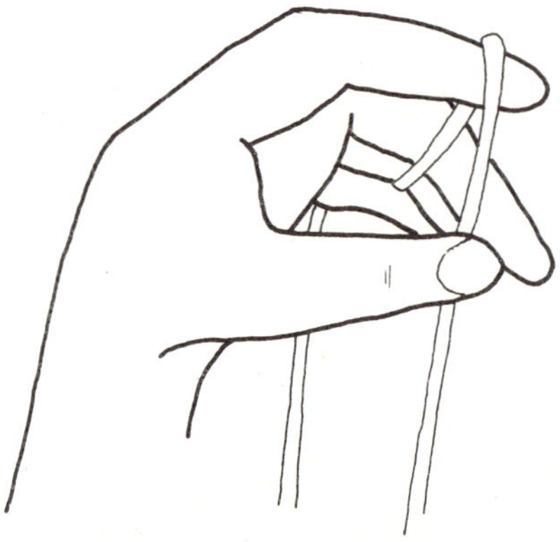

Den Faden vom Knäuel ziehst du von innen nach außen um den Ringfinger und ebenso über den Zeigefinger.

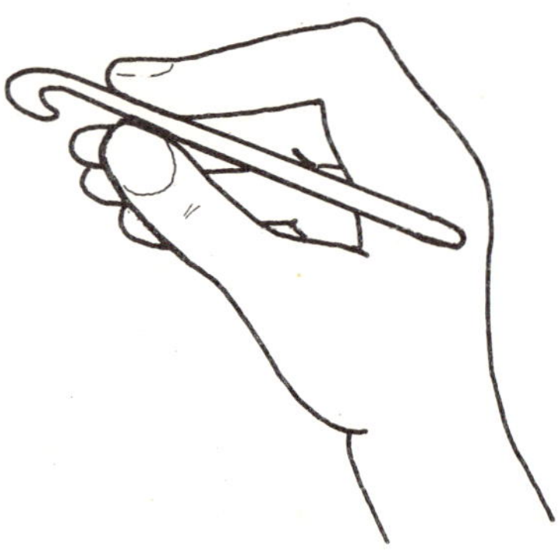

Mit der anderen Hand hältst du die Häkelnadel wie einen Bleistift. Der Haken zeigt schräg zum Körper hin.

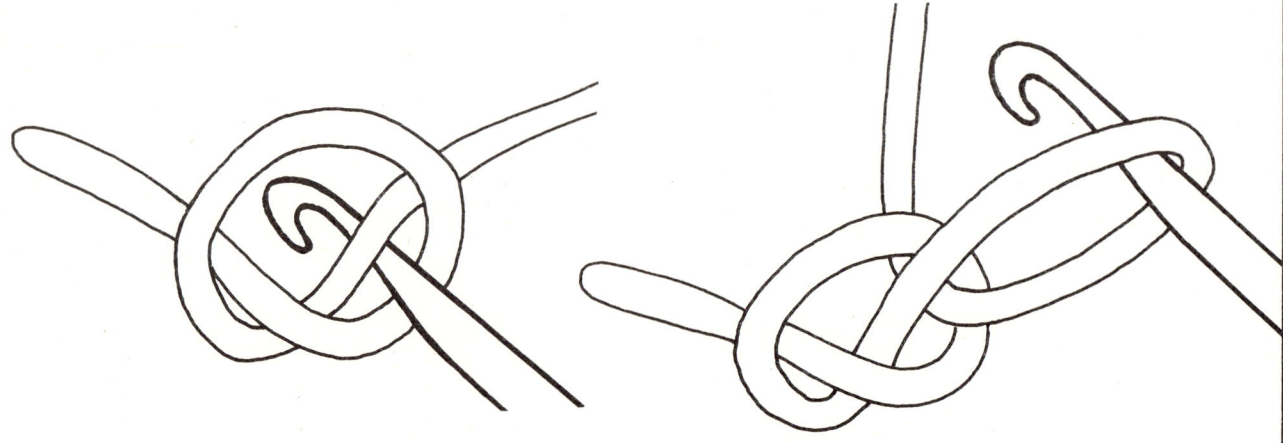

Man beginnt, indem man den Fadenanfang zur Schlinge legt und den vom Knäuel kommenden Faden durchholt.

Der geholte Faden wird zu einer Schlaufe gezogen, damit zieht man gleichzeitig die Anfangsschlinge zu.

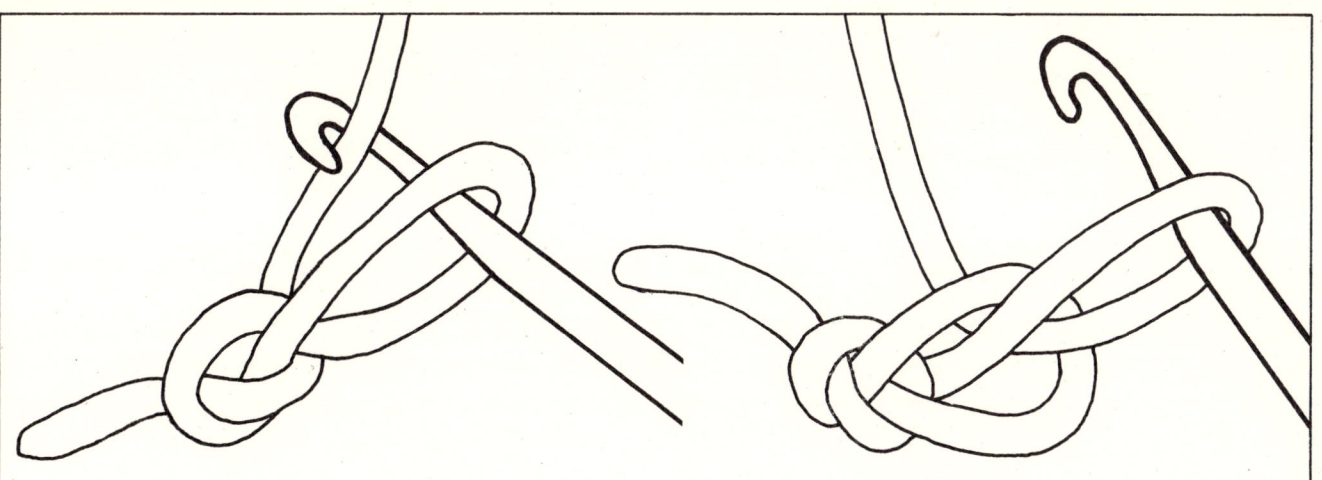

Mit der Nadel holt man den über den
Zeigefinger laufenden Arbeitsfaden als
Schlinge durch.

Dieser Vorgang wird fortlaufend wieder-
holt. Es entstehen Luftmaschen, mit denen jede Häkelarbeit beginnt.

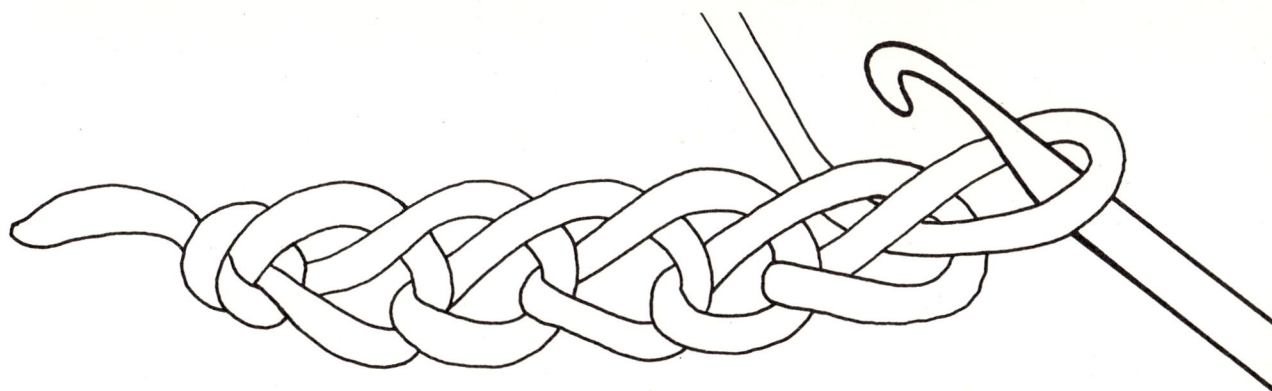

Dies ist eine fertige Luftmaschenkette —
man sagt auch Luftmaschenreihe dazu.
Die Kette hält man während der Arbeit

zwischen Daumen, Mittel- und Ringfinger. Der Zeigefinger spannt den Arbeitsfaden.

Die nächste Reihe besteht aus festen
Maschen. Dabei sticht man zurück durch
die übernächste (es ist die drittletzte)
Luftmasche und holt den Faden als
Schlinge durch. Es sind nun zwei Schlin-
gen auf der Nadel.

Ziehe den Faden gleichmäßig an, so daß die Schlingen gleich groß sind. Wieder wird der Arbeitsfaden geholt

und in einem Zug durch beide auf der Nadel befindlichen Schlingen gezogen. So arbeitet man laufend weiter:

Schlinge holen und noch einmal eine neue Schlinge

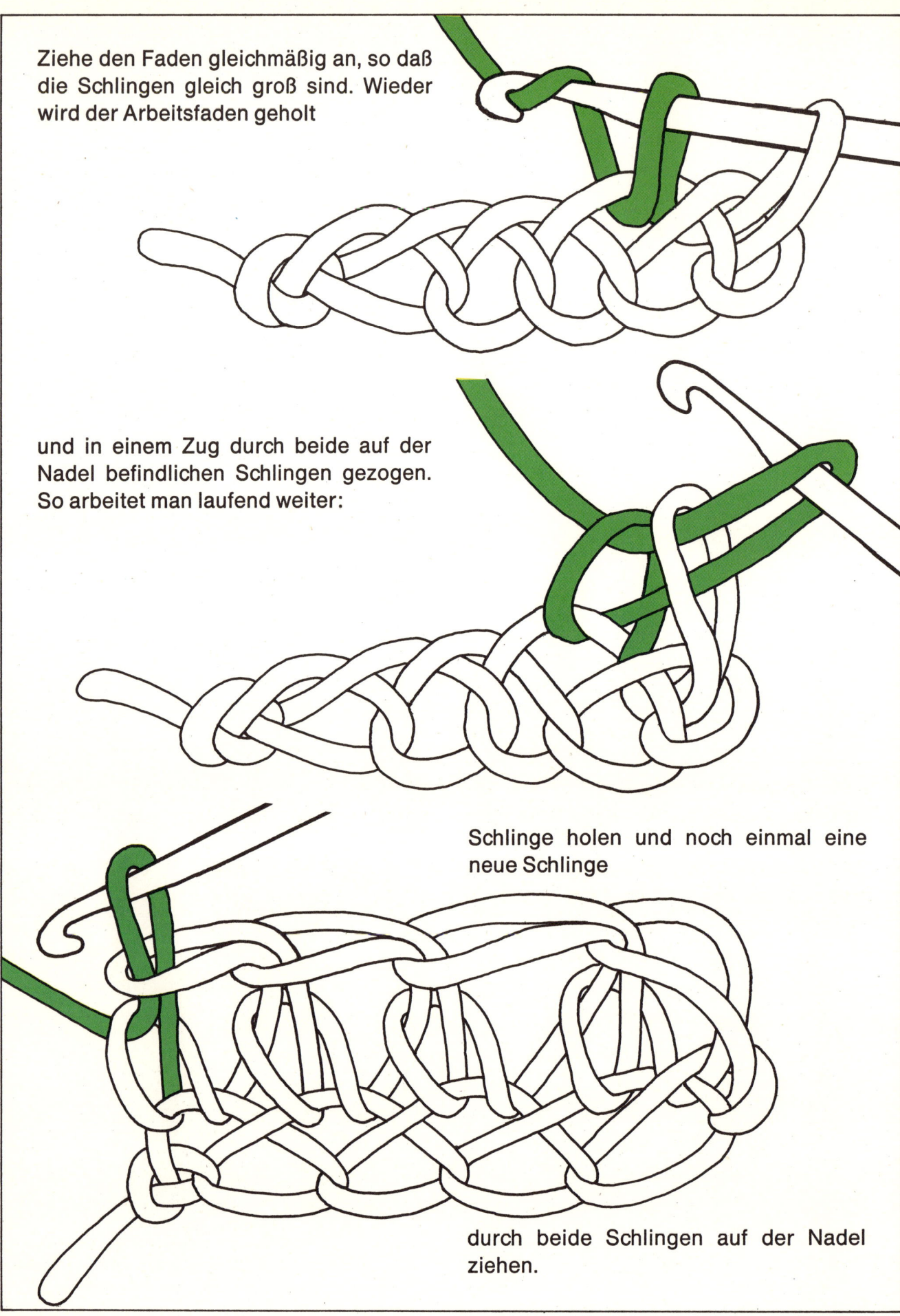

durch beide Schlingen auf der Nadel ziehen.

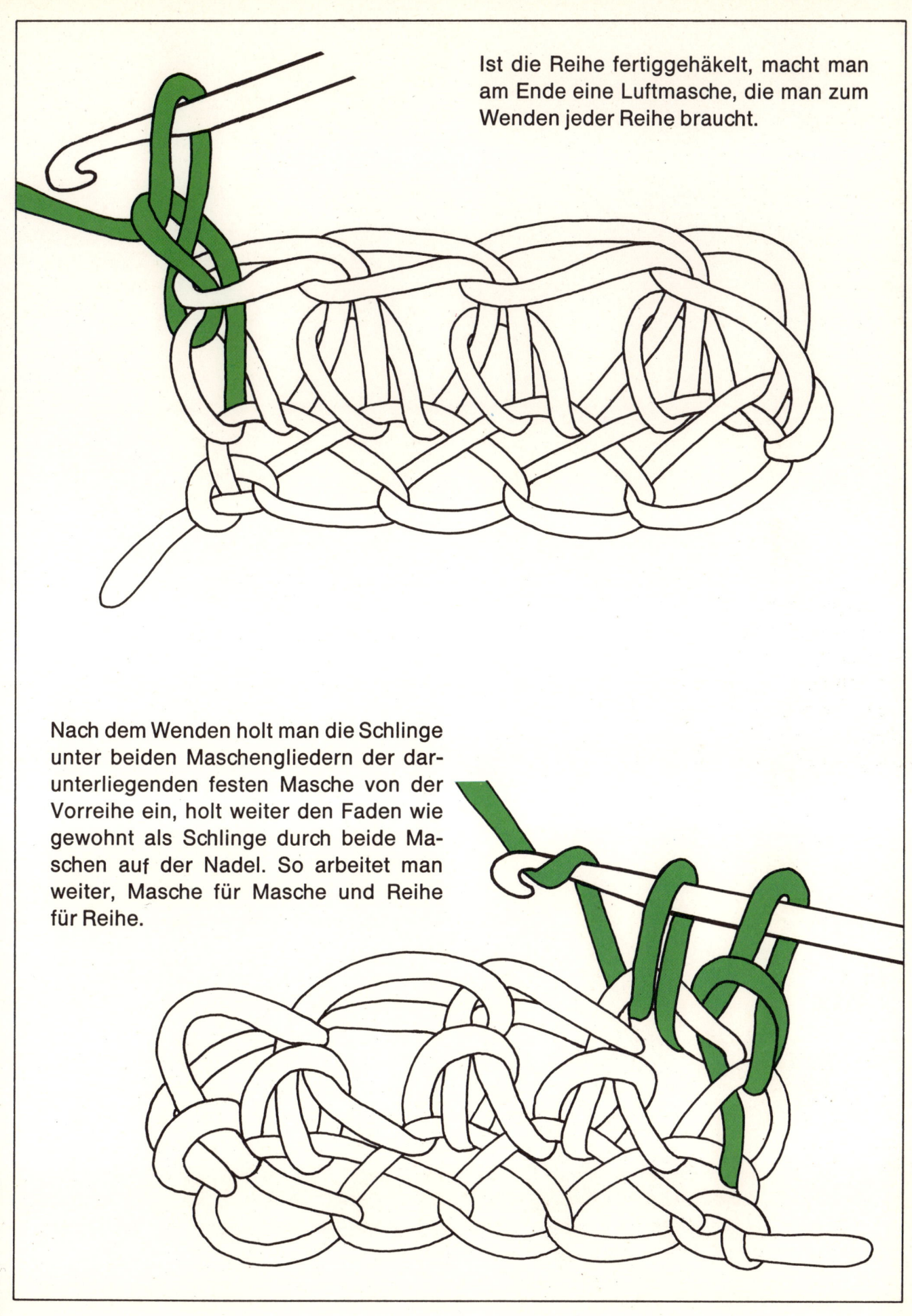

Ist die Reihe fertiggehäkelt, macht man am Ende eine Luftmasche, die man zum Wenden jeder Reihe braucht.

Nach dem Wenden holt man die Schlinge unter beiden Maschengliedern der darunterliegenden festen Masche von der Vorreihe ein, holt weiter den Faden wie gewohnt als Schlinge durch beide Maschen auf der Nadel. So arbeitet man weiter, Masche für Masche und Reihe für Reihe.

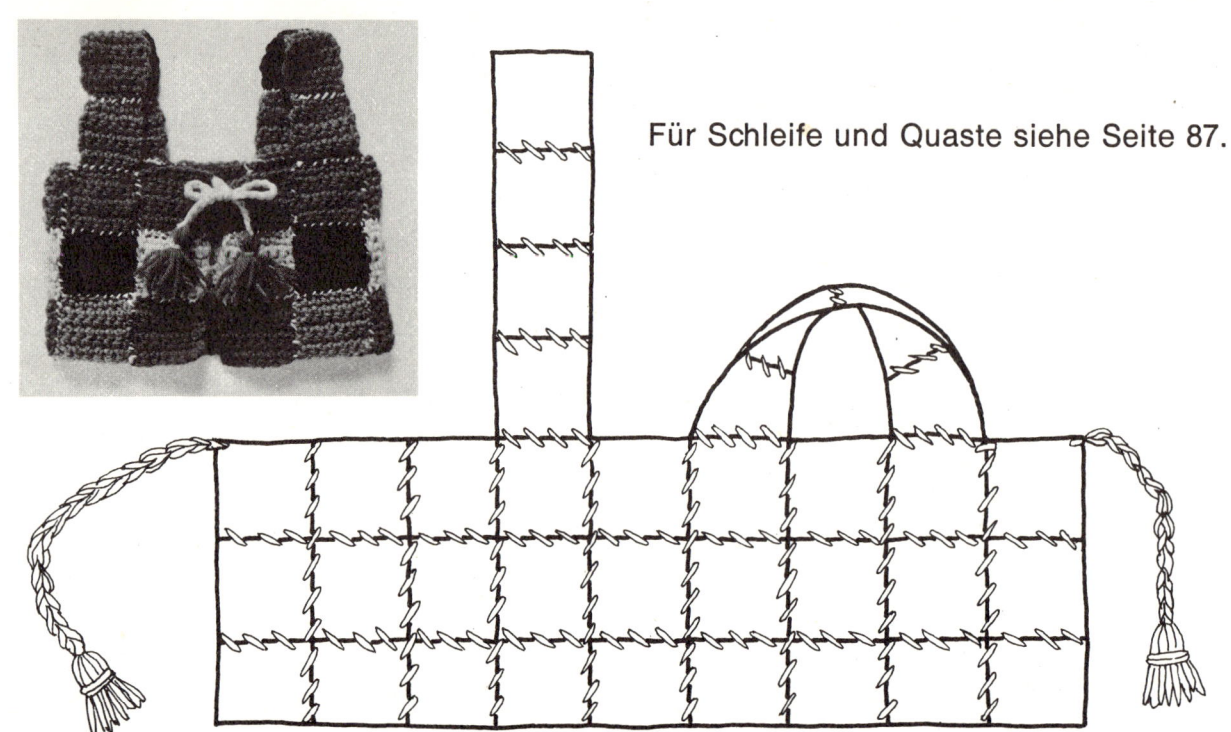

Für Schleife und Quaste siehe Seite 87.

Flickenweste: Aus 35 Häkelquadraten ist diese Weste zusammengenäht. Gehäkelt wird mit Nadel Nr. 4. Jedes Quadrat ist 10 Maschen breit. Wie viele Reihen du häkeln mußt, damit es ein Quadrat wird, hängt von fester oder lockerer Arbeitsweise ab. Probiere es selbst aus.

Probieren mußt du auch, wie viele Quadrate für deine Größe nötig sind. Ist die Weste zu eng, setzt du hinten in der Mitte eine senkrechte Reihe ein. Fehlen zwei Reihen, wird seitlich zwischen jedem Träger eine Reihe aus drei Quadraten eingesetzt.

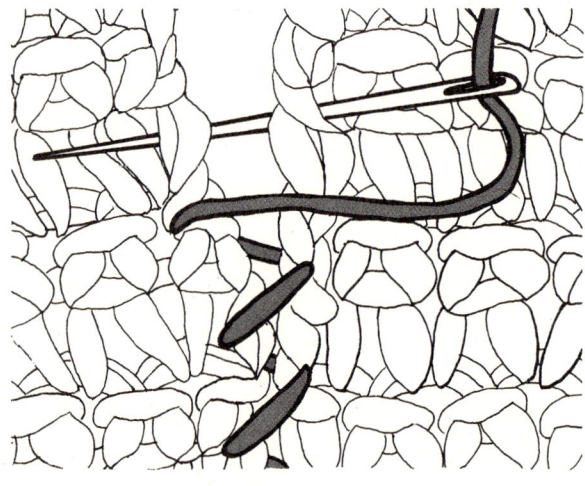

So werden Häkelteile aneinandergenäht: man sticht die Nadel durch die Randmaschen und näht überwendlich.

Kleine Börse: 30 Luftmaschen häkeln und anschließend 10 Reihen feste Maschen. Den Streifen 10 Maschen breit nach einer Seite umbiegen und die Seiten zunähen. An die Ecken der Lasche näht man Druckknöpfe und in die Mitte eine dicke Perle.

Lätzchen in Orange: Du brauchst etwa 25 Gramm Baumwolle und Häkelnadel Nr. 4. Schlage 20 Luftmaschen an (so nennt man das Häkeln der Luftmaschenkette) und häkele 16 Reihen feste Maschen. Jetzt häkelst du nur 6 Maschen und wendest (Luftmasche nicht vergessen). In dieser Breite häkelst du 7 Reihen und machst am Ende der Reihe 30 Luftmaschen. Nun fängst du dort, wo die letzte lange Reihe beginnt, mit einem neuen Faden an: 6 feste Maschen, 7 Reihen hoch, danach 30 Luftmaschen. Der Buchstabe aus Luftmaschen wird aufgenäht.

Lätzchen in Gelb und Grün: Du brauchst 25 Gramm gelbe Baumwolle und etwa 6 Meter grüne. Dieses Lätzchen wird an der Seite mit 30 Luftmaschen begonnen. Häkele 7 Reihen feste Maschen. Von hier ab häkelst du 10 Reihen, die nur 22 Maschen lang sind. Schlage am Ende der 10. Reihe 9 Luftmaschen an (8+1 Wendeluftm.) und häkele die nächsten 7 Reihen in ganzer Breite. Schlage in Grün 30 Luftmaschen an und häkele ohne Unterbrechung um den Halsrand des Lätzchens weiter feste Maschen. Zum Schluß machst du noch einmal 30 Luftmaschen für das Bindebändchen.

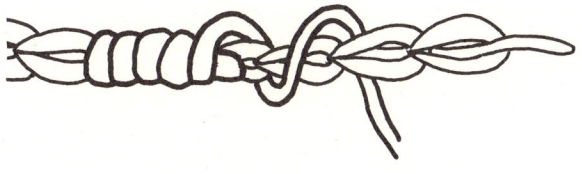

Springseil: Du brauchst viermal soviel Faden — am besten Sisalschnur — wie das Seil lang werden soll. Häkeln kannst du ohne Nadel: mit dem gekrümmten Zeigefinger, denn es sind nur Luftmaschen nötig. An beiden Enden und in der Mitte wird das Seil dicht mit einem Stück Schnur umwickelt, der Faden gut verknotet und mit Alleskleber betupft.

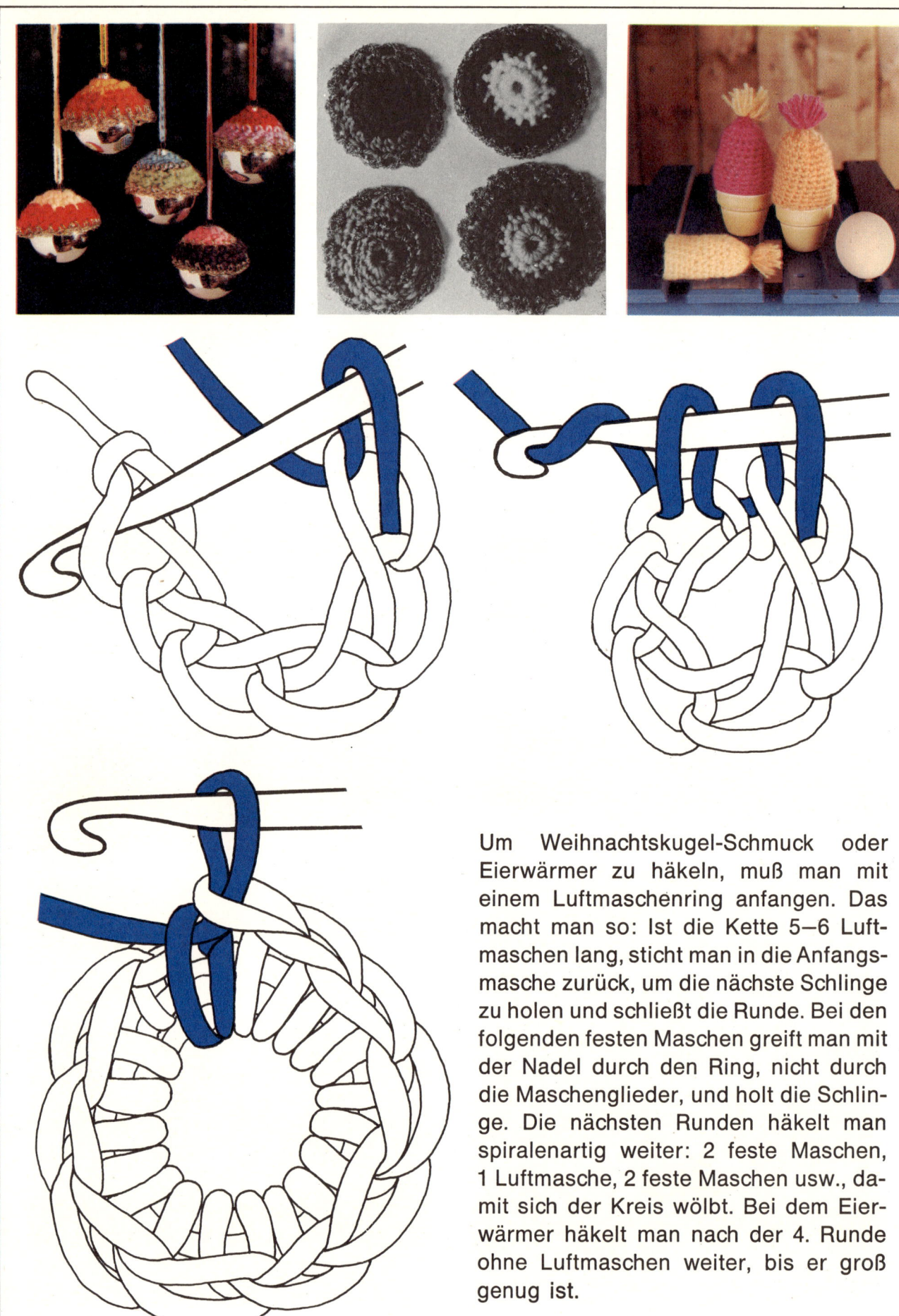

Um Weihnachtskugel-Schmuck oder Eierwärmer zu häkeln, muß man mit einem Luftmaschenring anfangen. Das macht man so: Ist die Kette 5—6 Luftmaschen lang, sticht man in die Anfangsmasche zurück, um die nächste Schlinge zu holen und schließt die Runde. Bei den folgenden festen Maschen greift man mit der Nadel durch den Ring, nicht durch die Maschenglieder, und holt die Schlinge. Die nächsten Runden häkelt man spiralenartig weiter: 2 feste Maschen, 1 Luftmasche, 2 feste Maschen usw., damit sich der Kreis wölbt. Bei dem Eierwärmer häkelt man nach der 4. Runde ohne Luftmaschen weiter, bis er groß genug ist.

Umhängetasche und Netz: Mit einer daumendicken Häkelnadel schlägt man eine Luftmaschenkette an, die so lang sein muß wie die Tasche hoch werden soll. Dann häkelt man so viele Reihen, bis das Stück der gewünschten Taschenbreite entspricht. Danach werden die Kanten rundherum noch einmal mit festen Maschen umhäkelt. Das fertige Stück wird doppelt gelegt und an den Seiten zusammengenäht. (Kordel und Quasten siehe Seite 87.) Das Netz wird genauso mit einer 15 mm dicken Nadel gehäkelt.

Weste: Schlage mit einer daumendicken Nadel so viele Luftmaschen an, wie die Weste lang werden soll, und häkele so viele Reihen, bis das Stück um deinen Körper paßt. Für die Träger schlägst du 6—8 Luftmaschen an.

Hausschuhe aus Frotéewolle: Man beginnt mit der Sohle. Damit sie oval wird, schlägt man 5 Luftmaschen an, häkelt eine Reihe feste Maschen, wendet nicht, sondern häkelt um das Ende der Luftmaschenkette herum und auf der anderen Seite wieder zurück. So häkelt man schneckenartig weiter um die Luftmaschenkette herum. Damit die Sohle sich nicht

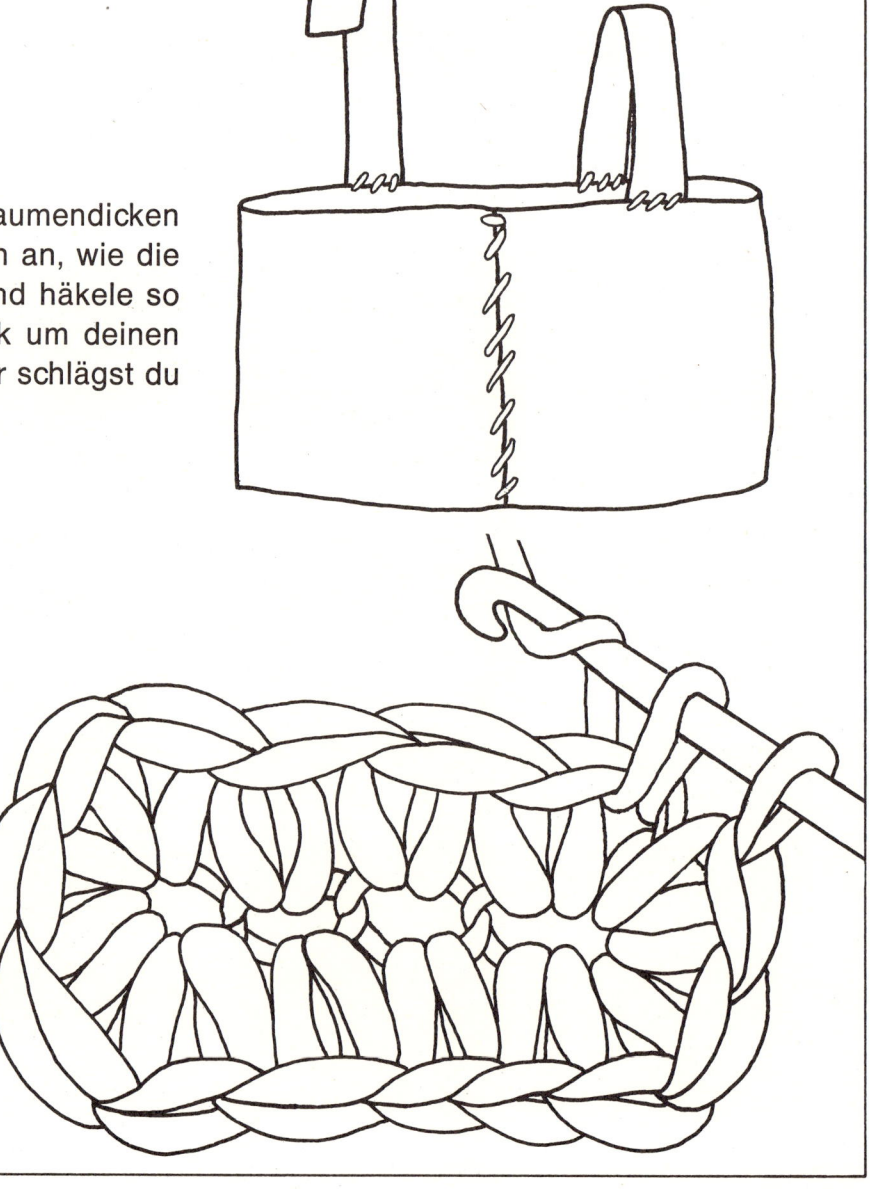

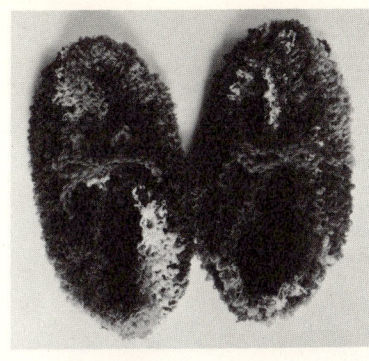
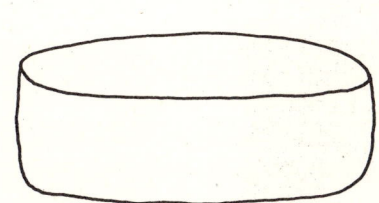
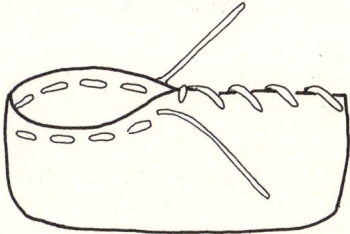

wölbt, häkelt man bei der ersten Runde in die Mittelmasche an jedem Ende 3 feste Maschen, alle in dasselbe Loch. Bei den nächsten Runden macht man an dieser Stelle zwischen den festen Maschen eine Luftmasche. Ist die Sohle groß genug, häkelt man ohne Luftmaschenzugabe 8 Runden weiter, näht den Schuh vorn zu und zieht eine Häkelkordel durch den Rand.

Anstelle von festen Maschen kannst du auch Stäbchen häkeln: Schlage am Ende der Luftmaschenreihe den Faden um die Nadel, bevor du in die viertletzte Luftmasche einstichst und den Faden holst.

Die drei Schlingen, die du nun auf der Nadel hast, werden so zu einem Stäbchen gehäkelt: Zuerst ziehst du den Faden durch die ersten beiden Schlingen, holst ihn dann erneut und ziehst ihn durch die zwei letzten.

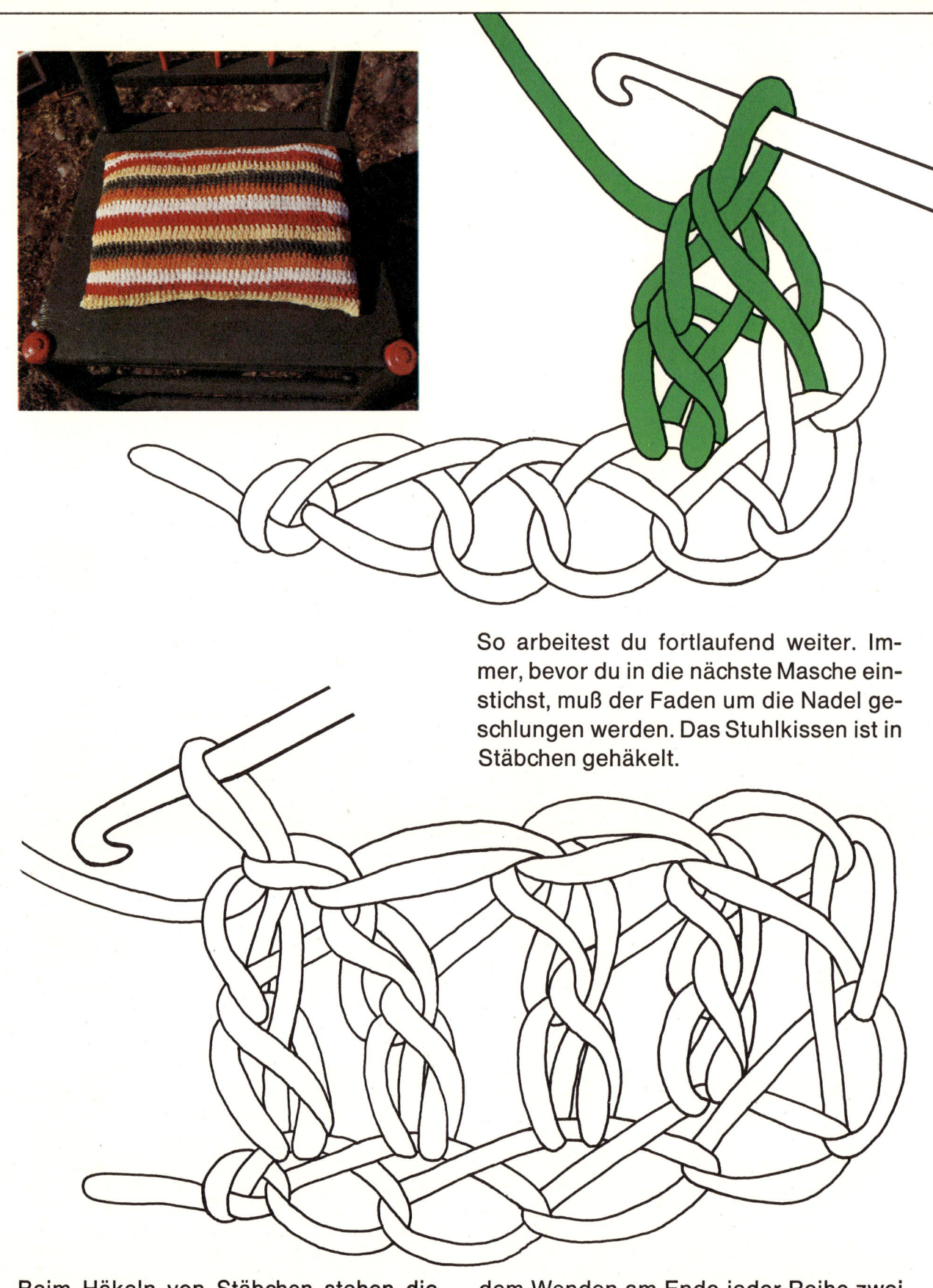

So arbeitest du fortlaufend weiter. Immer, bevor du in die nächste Masche einstichst, muß der Faden um die Nadel geschlungen werden. Das Stuhlkissen ist in Stäbchen gehäkelt.

Beim Häkeln von Stäbchen stehen die Reihen weiter auseinander als bei festen Maschen, deshalb muß man auch vor dem Wenden am Ende jeder Reihe zwei Wendeluftmaschen machen. Vergißt man das, wird die Häkelei schief.

# Knüpfen

Beim Knüpfen werden kleine Fadenabschnitte mit einer Häkelnadel um die Querfäden eines grobgewebten Stoffes geschlungen, wie die Fransen an einem Schal. Wie man das macht, siehst du auf den beiden nächsten Seiten. Als Knüpf-grund — so heißt der Stoff — kannst du jedes grobe Gewebe, sogar einen Putzlappen, nehmen, unter dessen Querfäden sich eine Häkelnadel hindurchschieben läßt. Auf dem Foto unten siehst du vier verschiedene Gewebe zum Knüpfen.

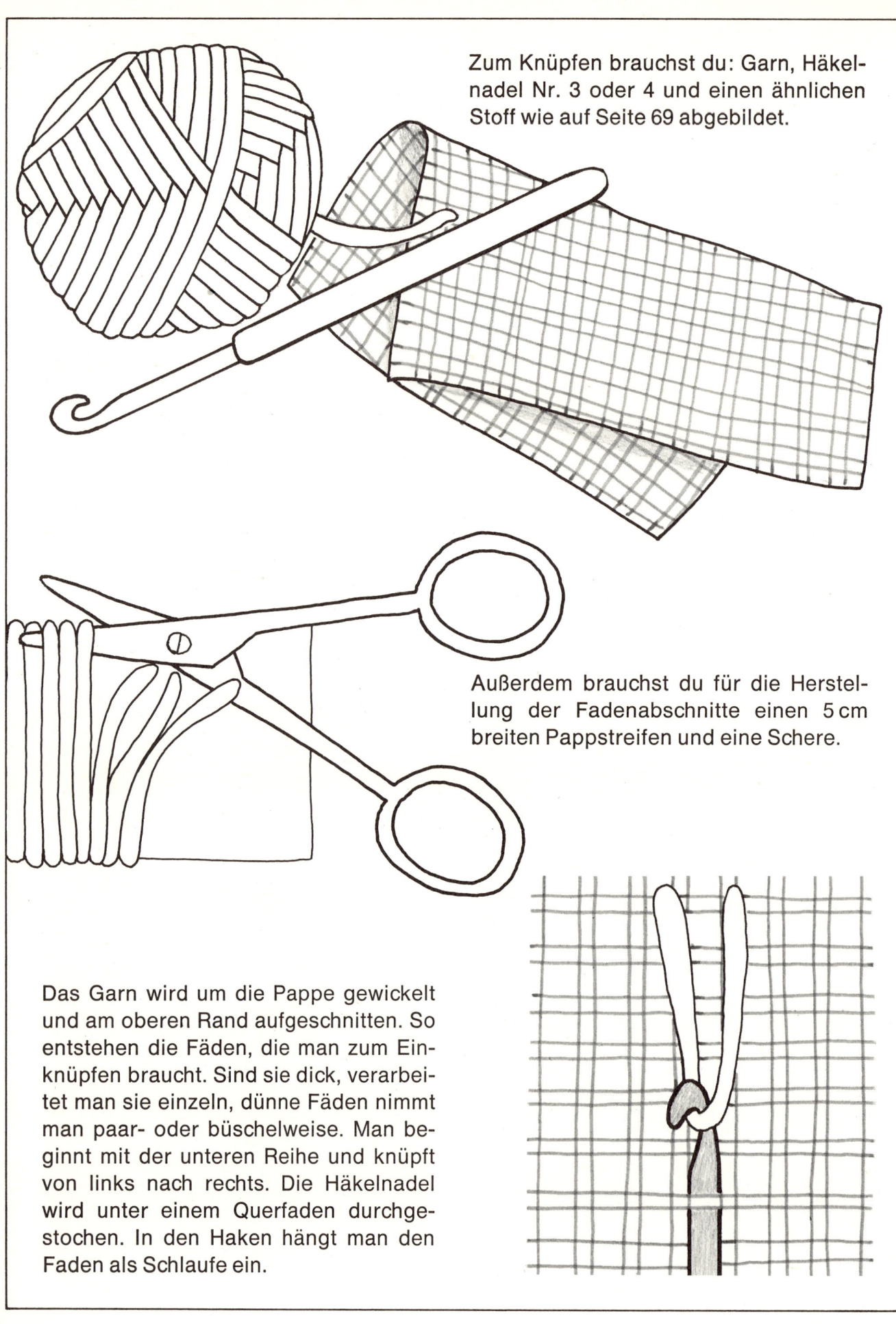

Zum Knüpfen brauchst du: Garn, Häkelnadel Nr. 3 oder 4 und einen ähnlichen
Stoff wie auf Seite 69 abgebildet.

Außerdem brauchst du für die Herstellung der Fadenabschnitte einen 5 cm
breiten Pappstreifen und eine Schere.

Das Garn wird um die Pappe gewickelt
und am oberen Rand aufgeschnitten. So
entstehen die Fäden, die man zum Ein-
knüpfen braucht. Sind sie dick, verarbei-
tet man sie einzeln, dünne Fäden nimmt
man paar- oder büschelweise. Man beginnt mit der unteren Reihe und knüpft
von links nach rechts. Die Häkelnadel
wird unter einem Querfaden durchgestochen. In den Haken hängt man den
Faden als Schlaufe ein.

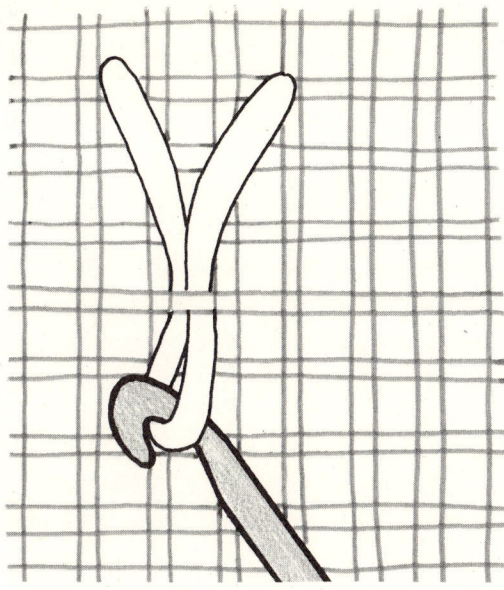

Mit der Nadel zieht man die Schlaufe ein Stück unter dem Querfaden hervor.

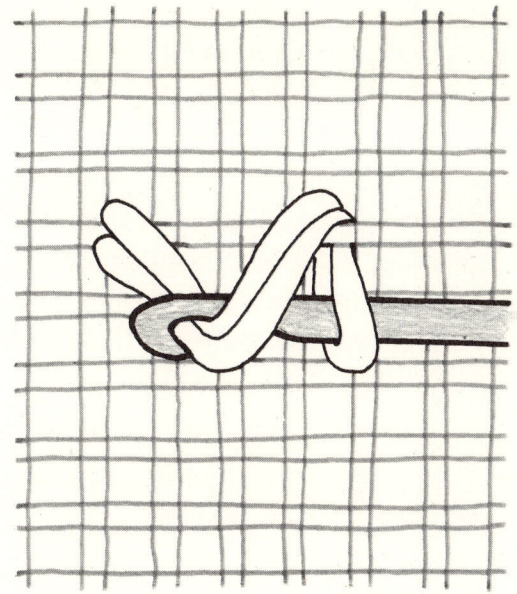

Dann legt man beide Fadenenden zusammen vor den abwärts gerichteten Haken ...

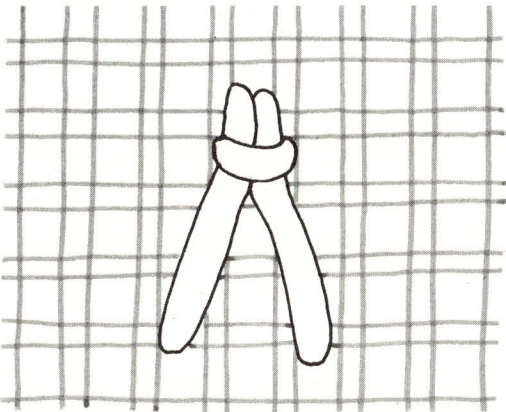

... und zieht sie durch die Schlaufe. Der Knüpfknoten wird nun festgezogen.

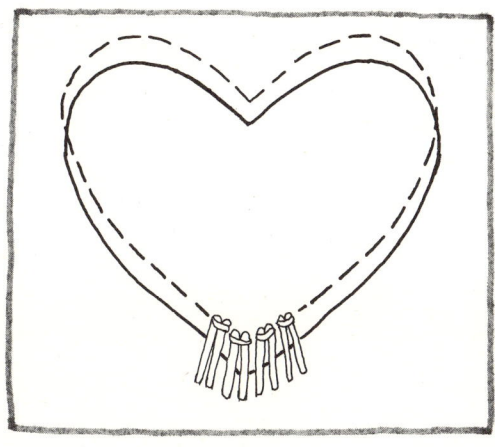

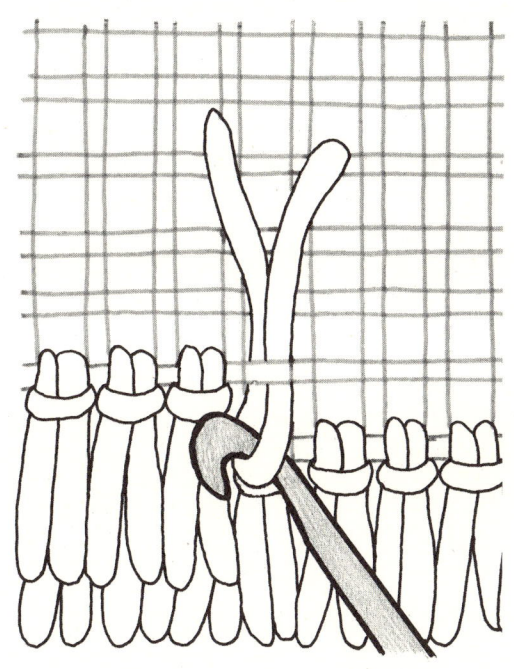

Der nächste Knoten kommt rechts daneben. Mit der nächsten Reihe beginnt man wieder links. Will man ein Motiv knüpfen, das in der Mitte sitzen soll, muß man etwas höher anfangen, weil die Enden der Fäden ja über das Motiv hinaushängen.

# Stricken

Das Stricken ist längst nicht so schwierig, wie oft behauptet wird, jedoch sollte man es nicht als erste Handarbeit erlernen. Die größten Schwierigkeiten haben Anfänger beim Maschenanschlag mit zwei Nadeln.

Der Stricklehrgang auf Seite 74 fängt deshalb mit einer gehäkelten Luftmaschenkette an, die vieles erleichtert. Die in diesem Kapitel gezeigten Strickmodelle passen den Puppen von den Seiten 8—11.

Nach den gleichen Anleitungen kann man auch große Mützen, Pullis und Hosen machen: man braucht nur mehr Maschen anzuschlagen und mehr Reihen zu stricken. Auf Seite 83 siehst du ein Beispiel dafür. Trotzdem solltest du das Stricken erst einmal an einem kleineren Teil üben. Werde nicht ungeduldig, wenn es nicht gleich klappt. Probiere in aller Ruhe, um so schneller gewöhnst du dich an den Umgang mit zwei Nadeln. Eine Pannenhilfe findest du auf Seite 86.

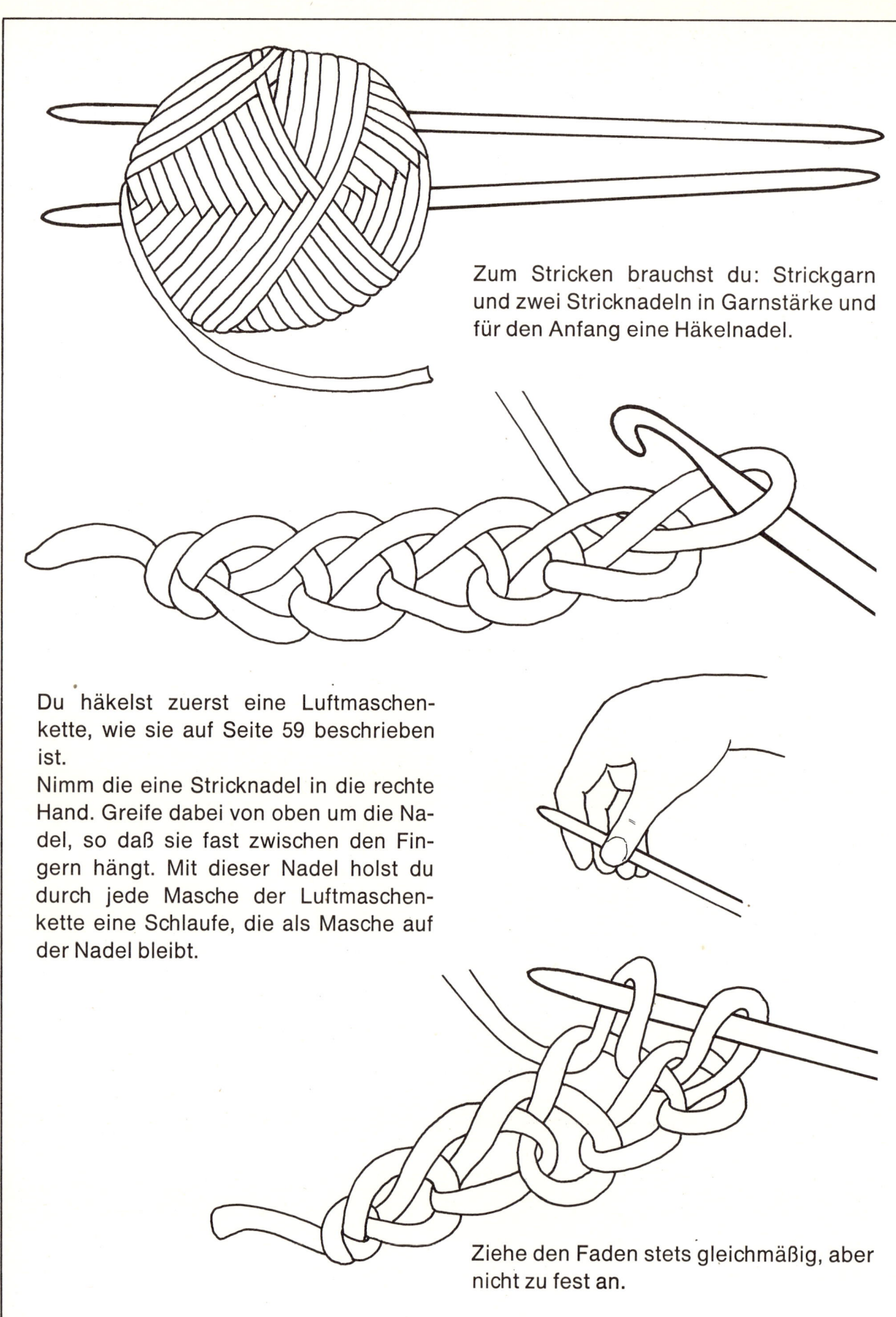

Zum Stricken brauchst du: Strickgarn und zwei Stricknadeln in Garnstärke und für den Anfang eine Häkelnadel.

Du häkelst zuerst eine Luftmaschenkette, wie sie auf Seite 59 beschrieben ist.

Nimm die eine Stricknadel in die rechte Hand. Greife dabei von oben um die Nadel, so daß sie fast zwischen den Fingern hängt. Mit dieser Nadel holst du durch jede Masche der Luftmaschenkette eine Schlaufe, die als Masche auf der Nadel bleibt.

Ziehe den Faden stets gleichmäßig, aber nicht zu fest an.

Sind alle Maschen aufgenommen, kannst du mit dem Abstricken beginnen.

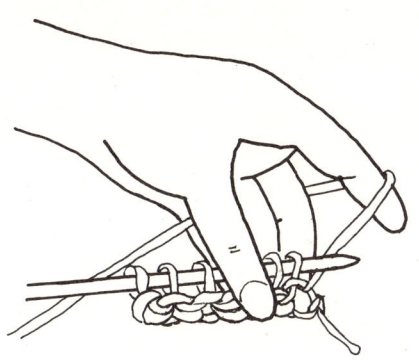

Nimm die Nadel mit den Maschen nun in die linke Hand und fasse sie so an, wie es die Zeichnung zeigt: mit drei Fingern und Daumen. Der Zeigefinger, der den Arbeitsfaden spannt, berührt die Arbeit nicht. Der Arbeitsfaden läuft vom Zeigefinger zwischen dem Ringfinger und dem kleinen Finger hindurch zur Handinnenfläche und zum Knäuel.

Mit der rechten Nadel wird die erste Masche von der linken Nadel abgehoben.

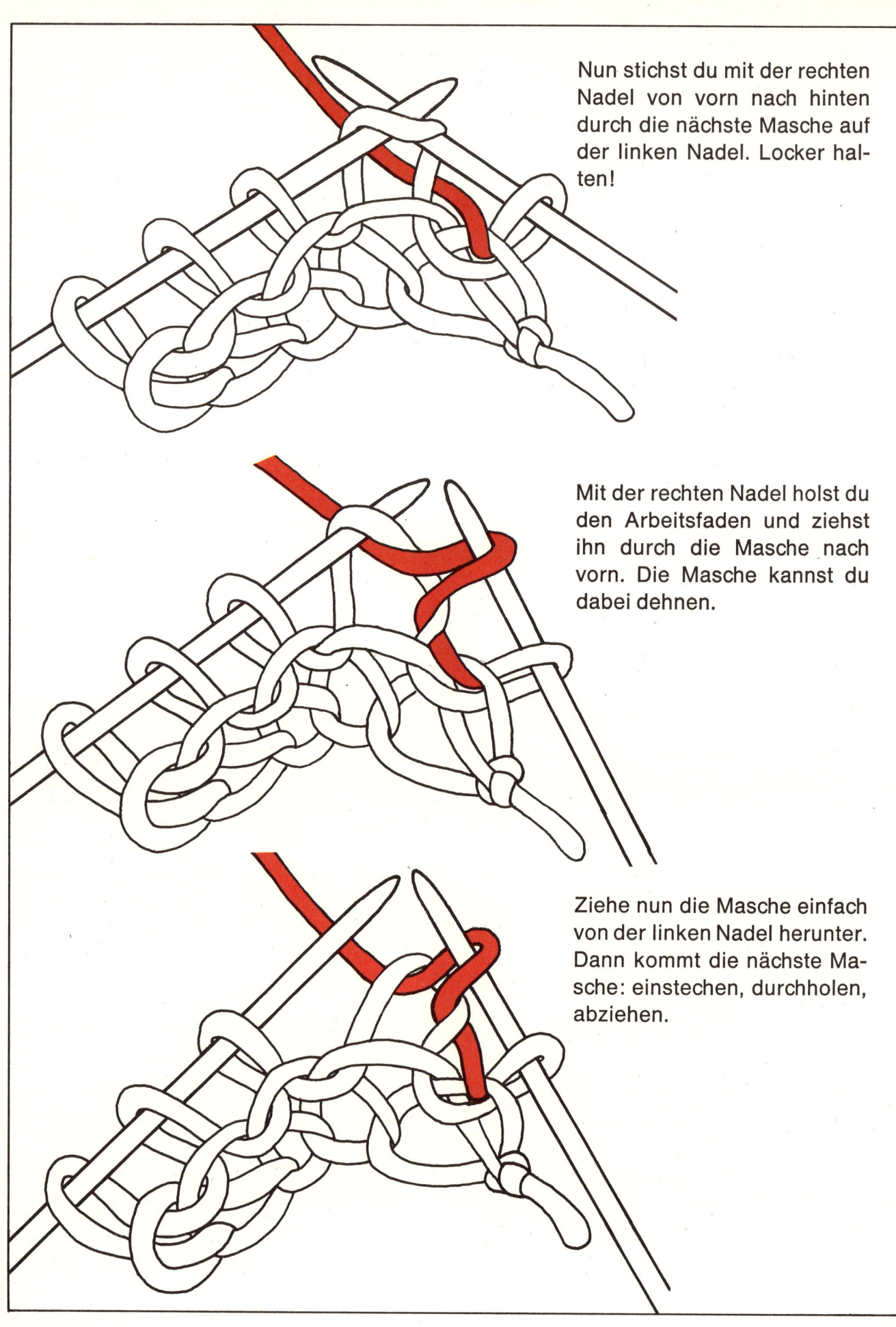

Nun stichst du mit der rechten Nadel von vorn nach hinten durch die nächste Masche auf der linken Nadel. Locker halten!

Mit der rechten Nadel holst du den Arbeitsfaden und ziehst ihn durch die Masche nach vorn. Die Masche kannst du dabei dehnen.

Ziehe nun die Masche einfach von der linken Nadel herunter. Dann kommt die nächste Masche: einstechen, durchholen, abziehen.

Ist die Reihe zu Ende, wendest du die Arbeit und hebst die erste Masche von der Nadel ab, ohne sie zu stricken. Achte darauf, daß du den Faden jetzt nicht zu locker läßt.

So zählt man die Reihen: die 1. Reihe ist eine Rille, die 2. eine Rippe, die 3. wieder eine Rille, die 4. eine Rippe. (Auf der Rückseite ist es umgekehrt.) Bei dem unten abgebildeten Gestrick kannst du das Zählen einmal probieren: es sind 34 Reihen.

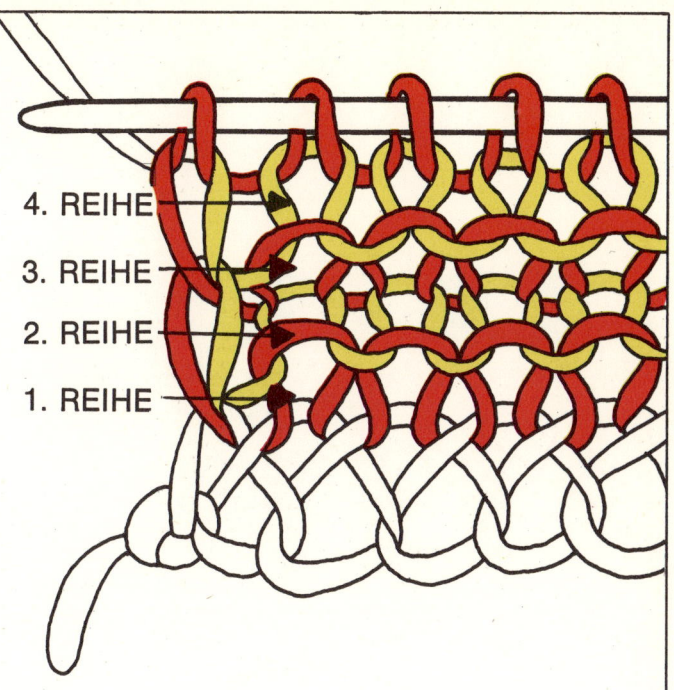

4. REIHE

3. REIHE

2. REIHE

1. REIHE

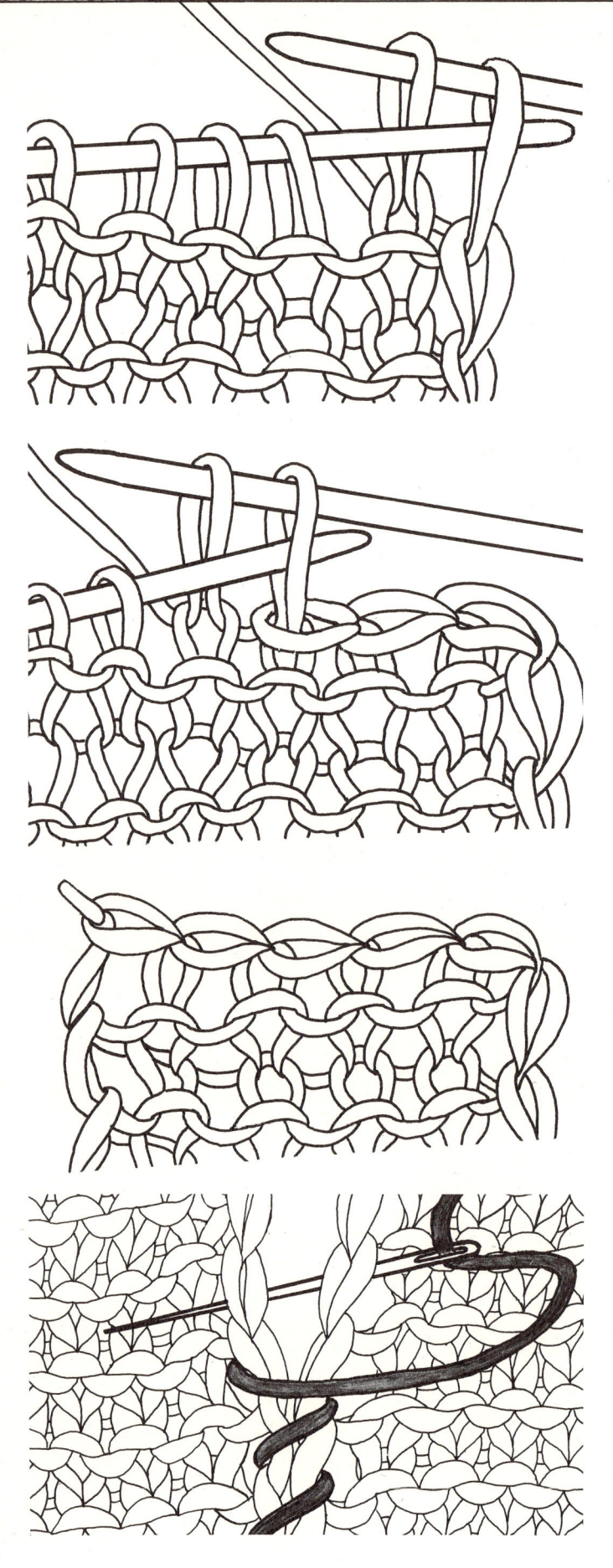

Bei einer Strickarbeit kann man nicht einfach mit der letzten Reihe aufhören, sondern die Maschen müssen von der Nadel heruntergenommen werden. Diesen Vorgang nennt man abketten.

Wer es sich ganz leicht machen will, nimmt die Maschen mit der Häkelnadel einzeln von der Stricknadel ab und häkelt sie wie Luftmaschen ineinander. Richtig macht man es so: die erste Masche wird, wie bisher, abgehoben, die zweite abgestrickt. Dann fährt man mit der linken Stricknadel vor der zuletzt gestrickten Masche vorbei zur ersten und hebt sie über die letzte Masche und die Nadelspitze. Das ist zuerst etwas schwierig, und man muß aufpassen, daß einem die Maschen nicht von der Nadel rutschen. Nun wird die nächste Masche von der linken Nadel abgestrickt, dann zieht man mit der linken Nadel die Masche dahinter nach vorn über die soeben gestrickte und über die Nadelspitze. So arbeitet man weiter, bis alle Maschen abgekettet sind. Den Faden schneidet man etwa 10 cm nach der letzten Masche ab, zieht ihn ganz durch und vernäht das Ende im Gestrick. Es ist wichtig, daß man beim Abketten den Faden locker läßt, sonst ist der Rand nicht elastisch. Strickteile werden nach Fertigstellung mit Stecknadeln auf einer weichen Unterlage (Wolldecke) gespannt und über Nacht mit einem feuchten Tuch bedeckt. Man näht sie mit dem gleichen Material zusammen, aus dem sie angefertigt wurden. Dabei sticht man jeweils um die Randmaschen herum.

Für die ganze Puppengarnitur von Seite 72 brauchst du 35 Gramm Wolle in Rot und einen kleinen Rest in Rosa. Die Stricknadeln können dicker sein als das Garn, dann wird die Arbeit schön locker. Anfänger stricken meistens zu fest, weil sie Angst haben, daß ihnen Maschen von der Nadel rutschen. Sollte dir das einmal passieren, lies schnell auf Seite 86 nach, wie du sie wieder aufheben kannst.

**18 REIHEN STRICKEN**

**30 MASCHEN ANSCHLAGEN**

Für die Mütze häkelst du 30 Luftmaschen, nimmst sie wie beschrieben auf eine Stricknadel, strickst 4 Reihen Rosa und 14 Rot.

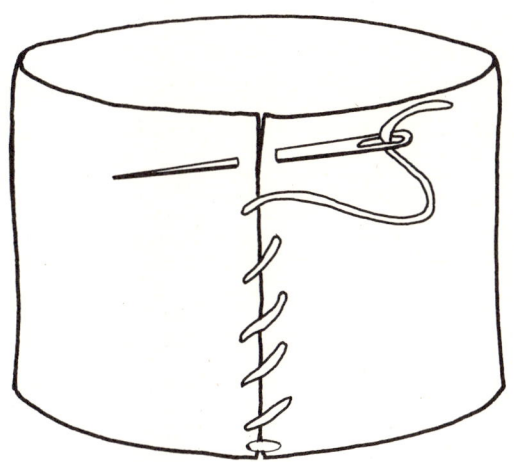

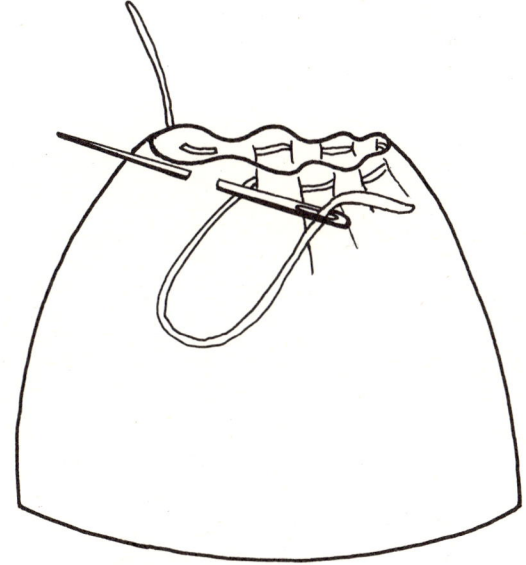

Nach dem Abketten wird der Streifen an den Schmalseiten zu einem Ring zusammengenäht.
Durch den oberen Rand näht man mit

einfachen Vorstichen einen Wollfaden und zieht die Mütze zusammen. Quaste siehe Seite 87.

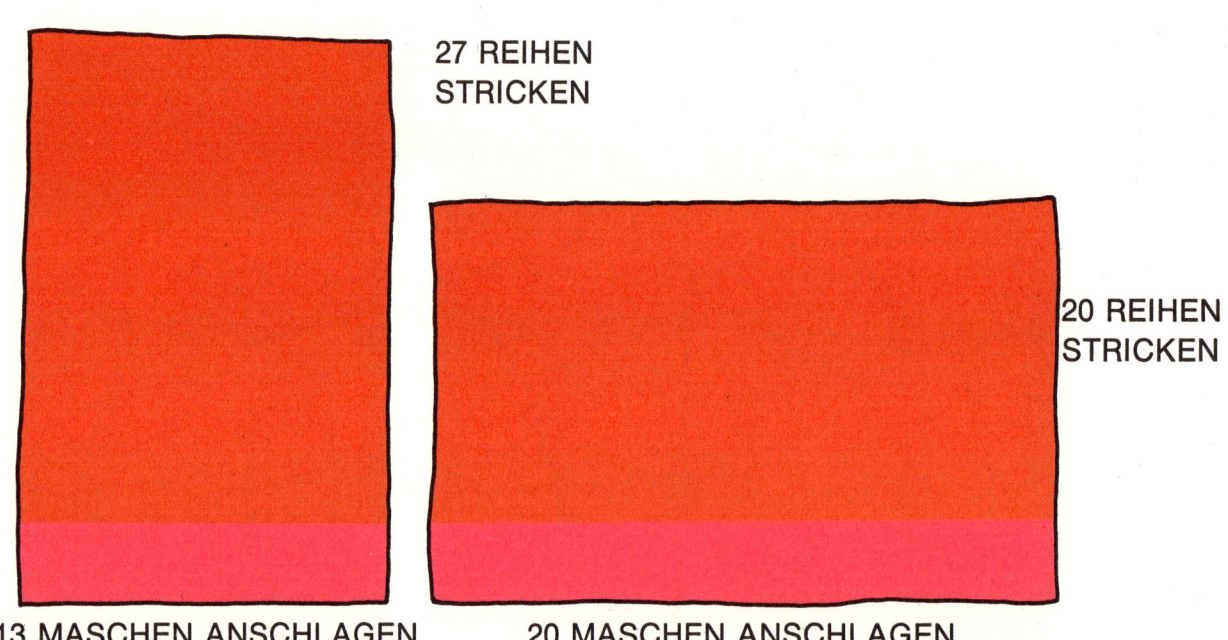

27 REIHEN
STRICKEN

20 REIHEN
STRICKEN

13 MASCHEN ANSCHLAGEN    20 MASCHEN ANSCHLAGEN

Pulli: Die hier abgebildeten Teile mußt du zweimal stricken. Die Ärmel sind 13 Maschen breit und 27 Reihen lang. Beginne mit 4 Reihen Rosa und arbeite mit Rot noch 9 Reihen weiter. Vorder- und Rückenteil beginnen ebenfalls mit 4 Reihen in Rosa. Jedes ist 20 Maschen breit und 20 Reihen hoch.

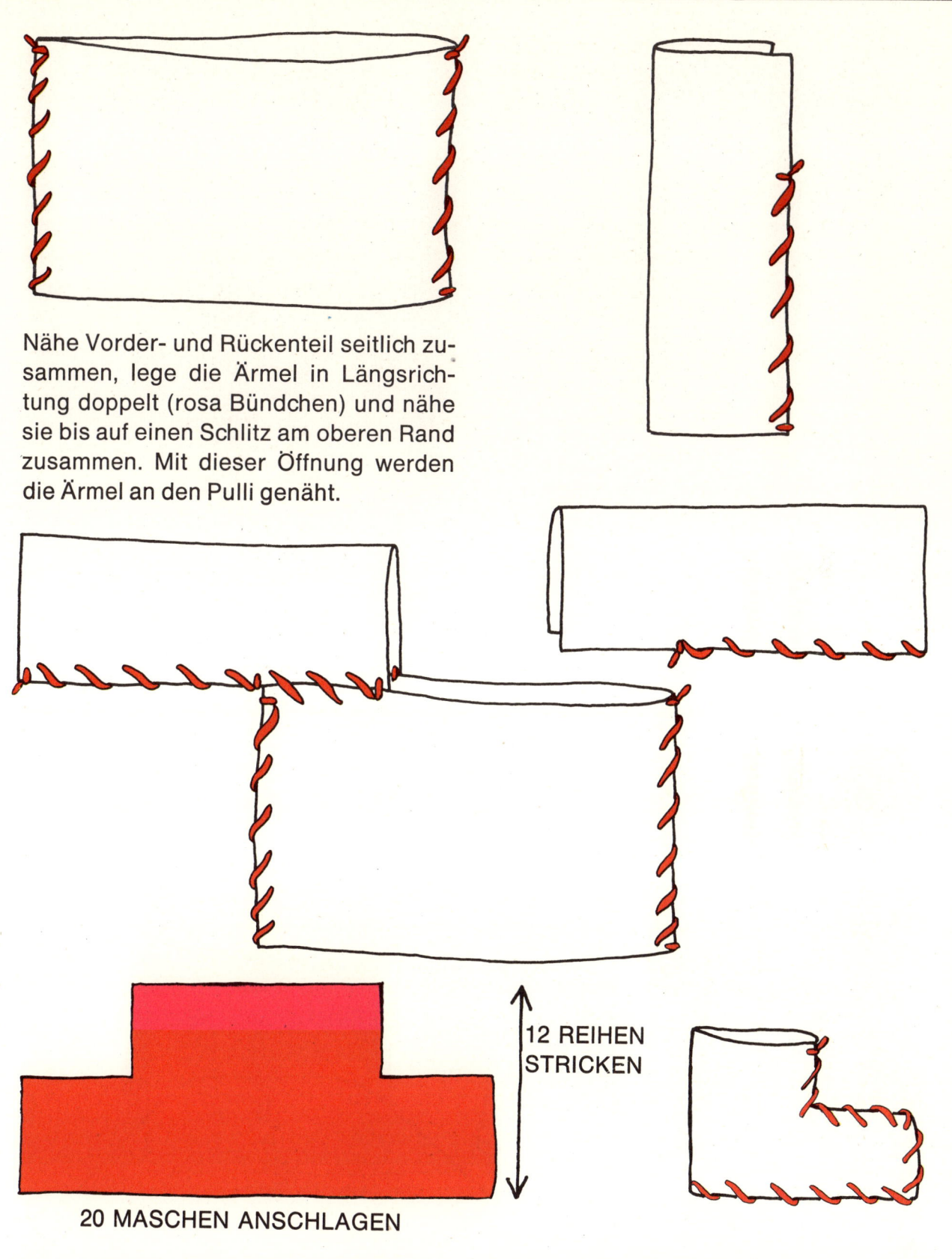

Nähe Vorder- und Rückenteil seitlich zusammen, lege die Ärmel in Längsrichtung doppelt (rosa Bündchen) und nähe sie bis auf einen Schlitz am oberen Rand zusammen. Mit dieser Öffnung werden die Ärmel an den Pulli genäht.

12 REIHEN STRICKEN

20 MASCHEN ANSCHLAGEN

Schlage für ein Söckchen 20 Maschen in Rot an und stricke 7 Reihen. Kette am Anfang der 8. Reihe 4 Maschen ab und stricke die restlichen Maschen. Kette nach dem Wenden wieder 4 Maschen ab und stricke 4 Reihen in Rosa. Nähe nach dem Abketten das Söckchen wie rechts auf der Zeichnung zusammen.

Hose: Für die Hose strickt man zwei gleiche Seitenteile und ein kleines Quadrat als Zwickel. Der Zwickel ist ein keilförmiger Stoffeinsatz, damit die Hose unten besser sitzt. Die Seitenteile sind 18 Maschen breit und 22 Reihen hoch, der Zwickel 7 Maschen und 7 Reihen. Durch den oberen Hosenrand wird später eine gedrehte Kordel gezogen. Wie man Kordeln dreht, steht auf Seite 87.

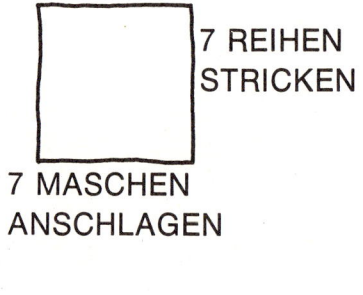

7 REIHEN
STRICKEN

7 MASCHEN
ANSCHLAGEN

22 REIHEN
STRICKEN

18 MASCHEN ANSCHLAGEN

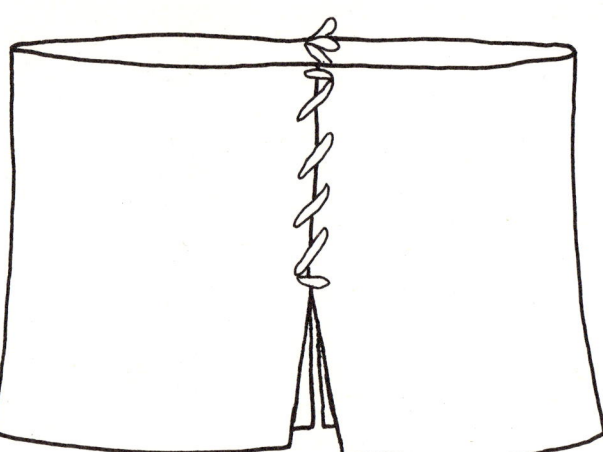

Nähe die fertigen Seitenteile so zusammen, wie auf der Zeichnung links zu sehen. Lasse bei jeder Naht unten einen 7 Reihen langen Schlitz offen, in den der Zwickel eingesetzt wird.

Nähe den Zwickel über Eck in die Schlitze. Beginne erst an einer der Spitzen, die du unten an die Mittelnaht legst, ziehe den Schlitz zum Annähen an den Zwickeln auseinander.

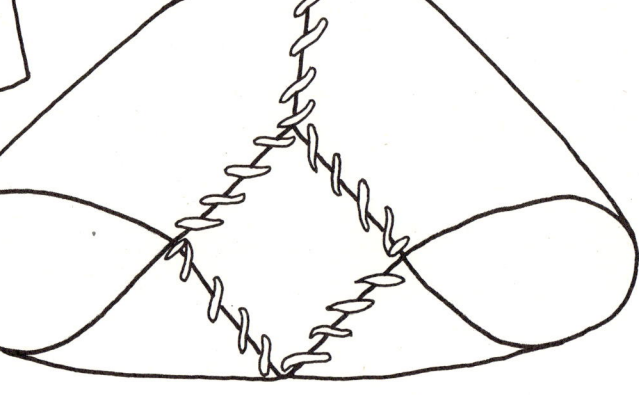

Badehosen: Auf die gleiche Weise kannst du auch eine Badehose für dich stricken. Du brauchst dazu zwei lange Pulloverstricknadeln Nr. 5 (mit einem Knopf am Ende) und eine Häkelnadel für den Anfang. Die Wollreste müssen zusammen etwa 50 Gramm wiegen. Sind besonders dünne Fäden dabei, nimmst du sie doppelt. Die folgenden Zahlen sind für Badehosen angegeben, die jemandem zwischen 6 und 8 Jahren passen.

Für die beiden Seitenteile je Teil 50 Maschen anschlagen und 70 Reihen (also 35 Rippen) stricken. Für den Zwickel 15 Maschen anschlagen und 24 Reihen stricken. Der Schlitz für den Zwickel in der Hose muß 24 Reihen (genau wie der Zwickel) lang sein. Bist du schon größer, mußt du bei den Seitenteilen 5 Maschen mehr anschlagen und 5 Reihen mehr stricken. Beim Zwickel gibst du 5 Maschen dazu und strickst 4 Reihen mehr.

**116 REIHEN
STRICKEN**

Strampelsack: Du brauchst 20 Gramm Wolle und 2 kleine Knöpfe. Die Nadeln können etwas dicker sein, Nr. 4 oder sogar 5. Du mußt das große Teil mit dem Schlitz einmal stricken und die kleinen Teile für die Ärmel zweimal. Die Maschen- und Reihenzahlen stehen neben den Zeichnungen rechts und unten.

Der Schlitz muß 20 Reihen lang sein, also bei der 96. Reihe anfangen.

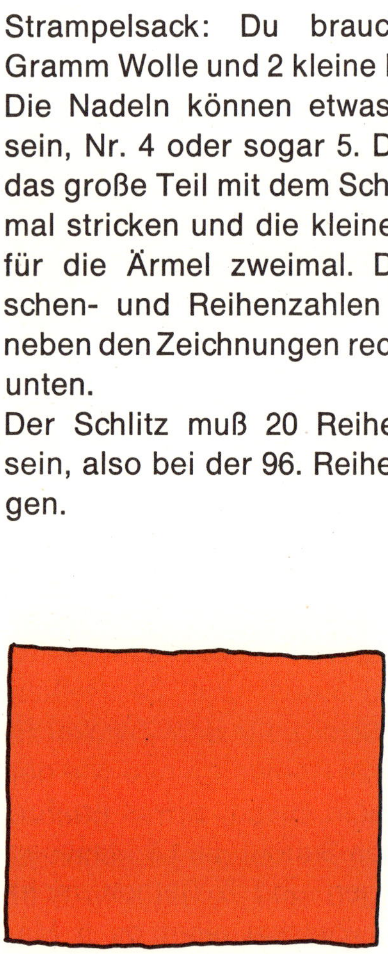

**16 REIHEN
STRICKEN**

**16 MASCHEN ANSCHLAGEN**

**24 MASCHEN ANSCHLAGEN**

Für den Schlitz muß die Arbeit in der Mitte geteilt werden. Dazu legt man die Maschen der einen Hälfte — hier sind es 12 — auf einer großen Sicherheitsnadel still und strickt die andere Hälfte in der erforderlichen Reihenzahl. Danach nimmt man die Maschen von der Sicherheitsnadel wieder auf die Stricknadel und strickt weiter.

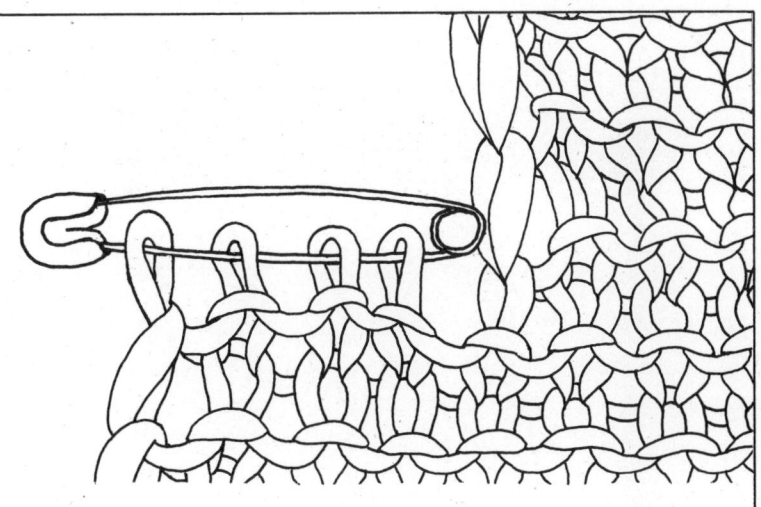

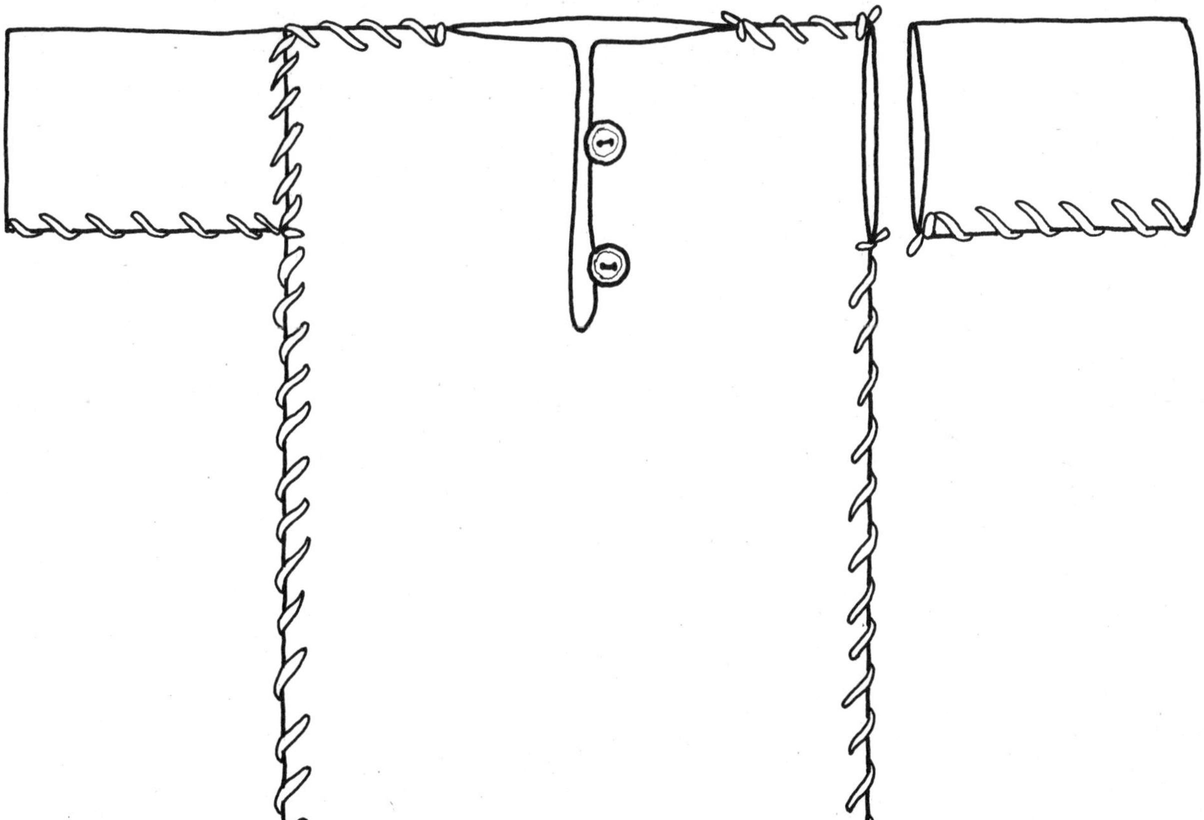

Zusammennähen: Ärmelteile einzeln doppelt legen und seitlich zunähen. Sackteil doppelt legen, Schulternähte zuerst machen. Den Sack auf beiden Seiten von unten nach oben so weit zunä-hen, daß Löcher für die Ärmel bleiben. Ärmel einnähen, durch die Maschen am Halsrand eine Kordel ziehen (siehe S. 87) und Knöpfe annähen (siehe S. 7).

Ist deine Strickarbeit hart und fest? Lassen sich die Maschen beim Abstricken nicht genügend dehnen?

Wird das Gestrick an den Seiten wellig? Sind dort größere Maschen als auf der übrigen Fläche?

Wird dein Strickwerk von Reihe zu Reihe breiter, obwohl du noch die gleiche Maschenzahl auf der Nadel hast wie am Anfang?

Ist die Strickerei fest und engmaschig, obwohl du den Arbeitsfaden nur mäßig anziehst?

Zeigen sich im Gestrick plötzlich ein paar untereinanderliegende Querfäden?

Dann hast du sicher den vom Zeigefinger kommenden Arbeitsfaden immer zu stramm angezogen.

Dann hast du den Arbeitsfaden bei der letzten Masche vor dem Wenden zu locker gelassen.

Dann hast du sicher die erste Masche jeder Reihe nach dem Wenden gestrickt, anstelle sie nur abzuheben.

Dann hast du Nadeln genommen, die für das Garn zu dünn sind. Die Nadeln dürfen etwas dicker als das Garn sein, aber nicht dünner.

Dann hast du eine Masche von der Nadel fallenlassen. Mit einer Häkelnadel nimmst du sie so wieder auf:

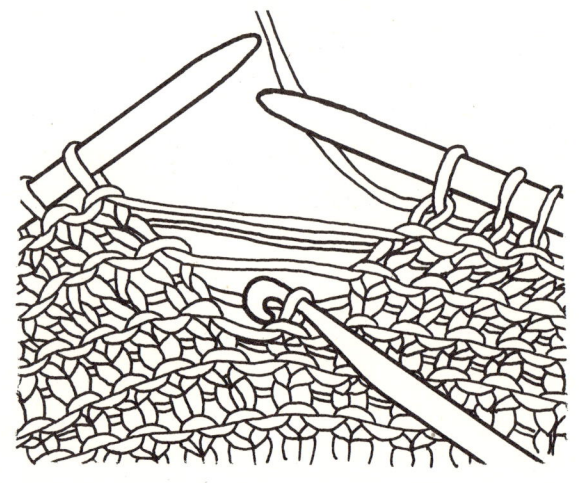

Fasse mit der Häkelnadel durch die gefallene Masche, die wahrscheinlich einige Reihen weiter unten liegt, und ziehe den Querfaden, der genau vor dieser Masche liegt, als Schlaufe durch. Drehe nun die Arbeit um und ziehe durch diese Schlaufe den nächsten Querfaden durch. Dann wieder umdrehen usw., bis die Masche auf die Stricknadel genommen werden kann. Auf welcher Seite du mit dem Durchziehen des ersten Querfadens anfangen mußt, ergibt sich aus dem Maschenbild: liegt die gefallene Masche hinter einem Querfaden, mußt du ihn nach hinten durchholen, liegt sie auf der dir zugewandten Vorderseite, also vor dem Querfaden, ziehst du diesen nach vorn durch.

Die kleinen Quasten
an der Häkelweste von Seite 62,
an der Häkeltasche von Seite 65
und an der Puppenmütze von Seite 72
werden alle auf die gleiche Weise gemacht: Man schneidet einen Faden in 10 bis 20 gleiche Stücke, die doppelt so lang sein müssen wie die Quaste werden soll. Das Fadenbündel wird in der Mitte mit einem längeren Faden umwickelt, den man gut verknotet. Die Enden werden zum Annähen verwendet. Das Fadenbündel nimmt man kurz hinter der umwickelten Stelle doppelt zusammen, umwickelt es noch einmal und verknotet die Enden.

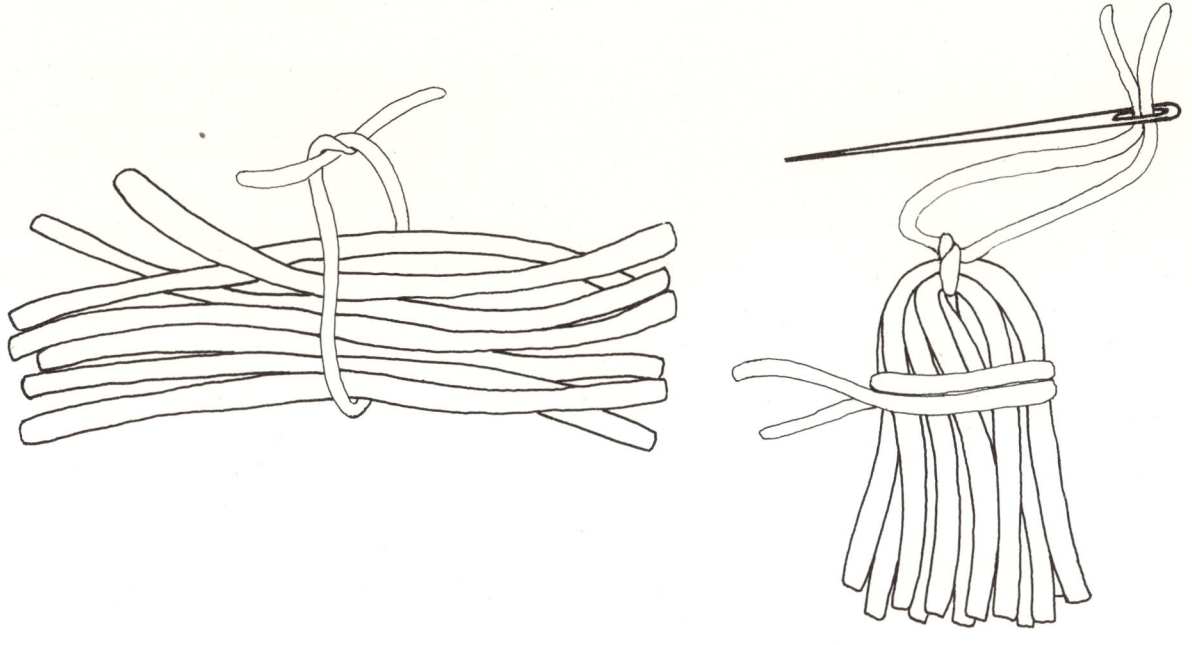

Kordeln dreht man so: Man knotet die Enden eines doppelt gelegten langen Fadens zusammen und hakt die Schlaufe über einen Türgriff oder Haken. Der doppelte Faden wird straff gezogen. In die Endschlaufe schiebt man eine Stricknadel, die man als Drehflügel benutzt. Sie wird mit einem Finger immer in eine Richtung gedreht, so daß sich die Fäden umeinanderwinden. Dann legt man den Zeigefinger auf die Fadenmitte, hakt das Ende von der Stricknadel ebenfalls über den Türgriff und nimmt den Finger heraus. Die Kordel dreht sich von selbst zusammen und ist nun vierfach. Soll sie dicker sein, mußt du mit mehreren Fäden anfangen.

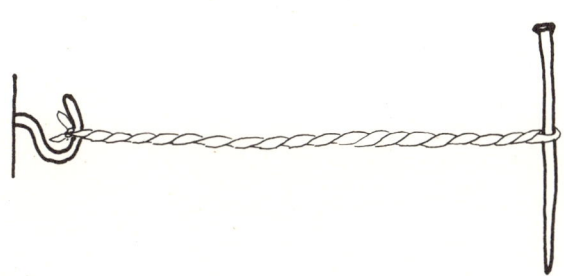 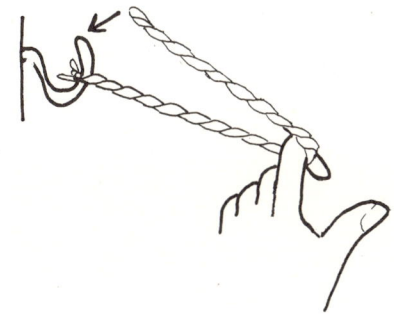

Die Puppenwäsche wird aus Baumwollgarn gestrickt. Waschlappen und Handtuch sind Rechtecke. Der Wärmflaschenbeutel ist ein an den Seiten zusammengenähtes längliches Stück, oben mit einer Kordel zusammengezogen.
Für das Hemdchen strickst du 24 Reihen je 26 Maschen, legst das Stück doppelt und nähst es in der hinteren Mitte zu. Die Träger werden angehäkelt.

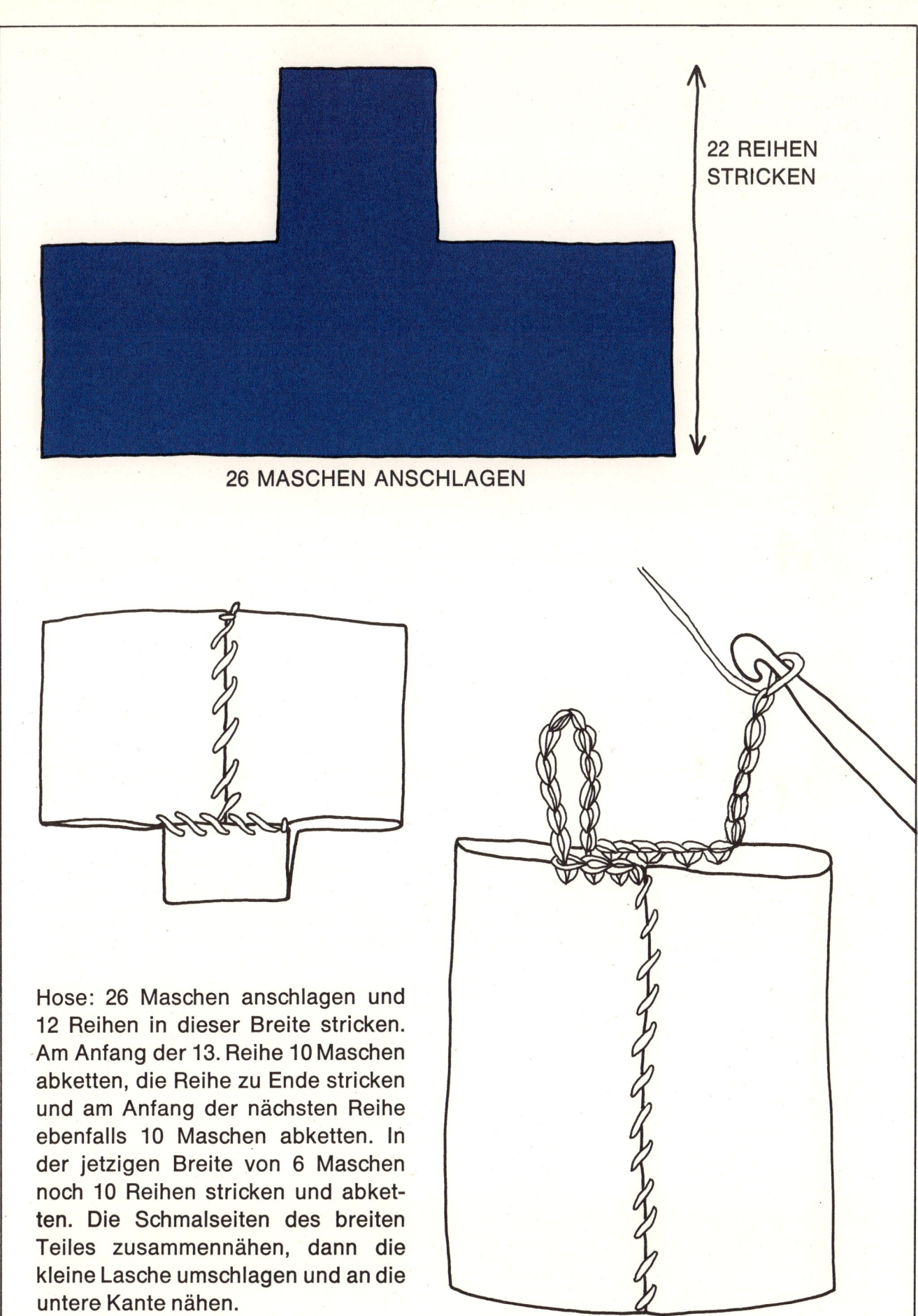

22 REIHEN
STRICKEN

26 MASCHEN ANSCHLAGEN

Hose: 26 Maschen anschlagen und
12 Reihen in dieser Breite stricken.
Am Anfang der 13. Reihe 10 Maschen
abketten, die Reihe zu Ende stricken
und am Anfang der nächsten Reihe
ebenfalls 10 Maschen abketten. In
der jetzigen Breite von 6 Maschen
noch 10 Reihen stricken und abketten. Die Schmalseiten des breiten
Teiles zusammennähen, dann die
kleine Lasche umschlagen und an die
untere Kante nähen.

Hat dir dieses Buch gefallen?
**In der gleichen Reihe wie das Ravensburger Kinderhandarbeitsbuch sind erschienen:**

**Ravensburger Kindermalschule**
von Lothar Kampmann

Das Buch führt in die verschiedenen Techniken bildnerischen Gestaltens ein: Klecksen, Tupfen, Pusten, Reißen, Drucken, Kratzen; Wachsmalerei, Spritztechnik, Schablonendruck und Kleisterpapierarbeiten, sowie eine kindgemäße Farbenlehre werden spielerisch erlernt.
Für Kinder ab 6 Jahren.
Zugleich eine Hilfe für Eltern und Lehrer.
Aufgenommen in die Bestliste zum deutschen Jugendbuchpreis.

**Ravensburger Kinderwerkstatt**
von Lothar Kampmann

Das Buch zeigt, wie aus jedem Kinderzimmer eine kleine Werkstatt werden kann. Mit Papier, Kartons, Holzabfällen, Blechdosen, Draht, Stein, Ästen und Wurzeln wird gearbeitet und gespielt, gebaut, umgebaut, geleimt, genagelt und gemalt. Für Kinder ab 6 Jahren.
Zugleich eine Hilfe für Eltern und Lehrer, die mit ihren Kindern einmal etwas Neues ausprobieren wollen.

Wer gerne mit Kindern bastelt, erhält in den **Ravensburger Hobbybüchern, Reihe Basteln mit Kindern,** viele Informationen und Anregungen.

Jede Technik wird durch deutliches Aufzeigen von Arbeitsabläufen anhand von Fotos aus der Praxis vorgeführt und in Kurztexten erläutert.
Bisher sind erschienen:
Agerholm, **Bunte Steine und Steinfiguren**
Grieshaber, **Tiere aus Papier und Kleister**
Muenck, **Puppen für das Puppenspiel**
Walther, **Folien die von selber kleben**
Muenck, **Weben mit Papier und Wolle**
Grieshaber, **Masken**
Schmitt-Menzel, **Kneten und Formen**
Gloor, **Drachen bauen**

In den **Ravensburger Spiel- und Spaßbüchern** werden Kinder ab 6 Jahren mit geringen Mitteln zu eigener schöpferischer Tätigkeit aufgefordert. Kindgerechter Aufbau — einfache Erklärungen — große Schrift. Unter anderem sind erschienen:
Heyduck-Huth, **Was soll ich malen?**
Kampmann, **Reißen - Kleben - Neues machen**
Zacharias, **Mal mit uns — spiel mit uns**
Stark, **Wir malen auf Fotopapier und zeichnen mit Licht**
Mitgutsch, **Hast du das gesehen?**
Stark, **Fotografierst du mit?**
Ansorge, **Eine Zeichnung wird lebendig**

## Bücher von Jutta Lammèr

Ravensburger Spiel- und Beschäftigungsbücher

### Kinder basteln Geschenke

100 Sachen zum Selbermachen, mit genauen Arbeitsanleitungen und über 200 Fotos und Zeichnungen.

Ravensburger Hobbybücher

**Basteln mit Papier**
**Neuer Schmuck aus Silber und Perlen**
**Stoffdruck, Stoffmalerei und Batik**
**Häkeln — die neueste Masche**
**Mobiles und Windspiele**
**Span und Stroh**

Jedes Hobbybuch hat ca. 60 Seiten, übersichtliche Fotos der einzelnen Arbeitsabläufe und großzügig gestaltete Farbtafeln.

### Das große Ravensburger Hobbybuch

Ein Standardwerk für alle Bastel-, Werk- und Handarbeitstechniken und -materialien: Nähen, Applikationen, Patchwork, Stoffdruck, Stoffmalerei, Batik, Lederarbeiten, Peddigrohr, Stroh, Bast, Sisal, Ramieband, Spanholz, Emailarbeiten, Häkeln, Weben, Stricken, Teppichknüpfen, Metallarbeiten, Papier und Pappe, Perlenarbeiten, Kunststoffe wie Gießharz, Kunstglas, Styropor, Folien, Mosaikarbeiten, Modellieren, Arbeiten mit Stein und Kunststein, Intarsien, Schnitzen. 412 Seiten, 475 Fotos und 228 Zeichnungen.

### Das große Ravensburger Handarbeitsbuch

Sticken, Häkeln, Knüpfen, Weben, Stricken, Applikationen, Patchwork und viele andere klassische und moderne Handarbeitstechniken. 288 Seiten, 341 Fotos und 250 Zeichnungen.

# Schoeller Wolle

klasse farben
prima garne · toller spaß
deshalb
**Schoeller Wolle**

Schoeller Wolle